GCSE

Questions and Answers

Q&A

SPANISH

KEY STAGE 4

Terry Murray Chief Examiner

Letts

EDUCATIONAL

SERIES EDITOR: BOB McDUELL

Contents

HOW TO USE THIS BOOK

The aim of this book is to provide you, the student, with the help you need to reach the highest level of achievement possible at GCSE or, in Scotland, at General and Credit levels. The book is designed to help all students up to A* grade standard at GCSE.

The *Questions and Answers* series is based on the belief that experienced Examiners can provide, through examination questions, sample answers and advice, the help you need to secure success.

Students often find it useful to plan their revision according to some pattern during which weaknesses can be identified and eliminated so that confidence can grow. The primary consideration in devising these books, then, has been to present the main principles on which study can be based.

Questions and Answers – Spanish is designed to provide:

- **Advice** on each of the separate components or skill areas with hints on the different techniques required to perform to the highest standards. Notes are included about the nature of each different type of task that you are likely to encounter in the examination and guidance is given to enable you to gain practice at each stage.

- Many examples of **examination questions**. You will find that you will make progress by studying a wide range of questions and by heeding the guidance given on ways to improve or learn from answers given to these questions. The questions are either samples published by the various GCSE Examination Boards or newly prepared material of the type you are likely to meet in the examination.

- **Sample answers** to questions on the Speaking and Writing components. Although not always perfect answers, they point the way forward for you and perhaps they challenge you to do better. You can try the questions for yourself before checking the sample answers and you can then go on to try the other examples given. Answers to the Listening and Reading exercises are also given at the back of the book.

- **Examiner's hints**. By using the experience of an Examiner you can gain advice which can enable you to see how your answers can be improved and hence ensure success.

- The **CD** which comes with the book contains material for the Speaking and Listening components. Details of this are given in the relevant sections of the book. The section on Speaking gives the teacher's part for the role plays and a large number of questions in Spanish for you to practise, followed by sample answers, whilst the remainder of the CD contains the recorded material for the Listening exercises.The CD track points are indicated by a CD icon with the appropriate number inset.

ABOUT THE EXAMINATION

General points

You will have to do four exams, Listening, Speaking, Reading and Writing. Each of the four exams carries equal weighting, i.e. 25% per exam. (In Scotland, SEB gives 50% to Speaking, 25% to Listening and 25% to Reading.) Note the following points:

- Your teacher will administer your Speaking exam.
- There is a coursework alternative for the Writing exam. Check with your teacher: ask if you are doing the coursework or the terminal exam.
- Some Boards offer a coursework alternative for Speaking. Check with your teacher.

- If your Board is SEG, you will be doing a modular course and different rules apply.
- Nearly all the exams will have questions and rubrics (the instructions at the beginning of the question) in the target language and you will also have to answer in the target language.
- If you are answering a question in the target language on the Listening or Reading exam and you make a mistake, the mistake will not be penalised unless it makes your meaning unclear.
- About 20% of the questions in the Listening and Reading exams will be in English and you have to answer these in English.
- In the role play part of your Speaking exam the scene-setting will be in English.
- In some parts of the exams you can use a dictionary. You need to check with your teacher. Electronic dictionaries are not permitted.
- You need to find out from your teacher whether you are doing the **full course** or the **short course**. If you are doing the full course, you will study all five **Areas of Experience** (see below). If you study the short course, you will study only two of the five Areas of Experience.

Foundation Tier or Higher Tier?

- For each skill (Listening, Speaking, Reading and Writing), there are two possible levels of entry. These levels of entry are called the Foundation Tier and the Higher Tier. Foundation Tier will assess Grades C–G. Higher Tier will assess Grades A*–D:

    FOUNDATION   G F E D C
    HIGHER   D C B A A*

- If you enter for the Higher Tier in all four skills (Listening, Speaking, Reading and Writing) and you get less than the minimum mark for Grade D, then you will be given a Grade U (ungraded).
- You must enter for all four skills (Listening, Speaking, Reading and Writing).
- You may enter either the same tier for all four skills or you may mix your tiers.
- You cannot enter for both Foundation Tier and Higher Tier for the same skill.
- In both the Foundation Tier and the Higher Tier for each exam, there is what is called **overlapping material**. This means that the questions at the end of the Foundation Tier are identical to the questions at the beginning of the Higher Tier.

Grading

You will be graded on the eight-point scale of A*, A, B, C, D, E, F, G.

After your answers are marked, your work will be awarded a number of points depending on how good it was. There are eight points available for each skill or component. The points you score for each component are added up and the total number of points decides what grade you get.

This is the scale that all Boards use:

Points per component	Grade	Scale
8	A*	30–32
7	A	26–29
6	B	22–25
5	C	18–21
4	D	14–17
3	E	10–13
2	F	6–9
1	G	2–5
0	U	0–1

Letts

Q&A

Areas of Experience

These are the topic areas that you will study for your GCSE. These topics have been laid down by the government and all the Examination Boards have to follow them. If you do a full course, you have to cover them all. If you do a short course in Years 10 and 11, then you study one of areas A, B or C and in addition area D or E.

A Everyday activities
   This should include:
   - the language of the classroom;
   - home life and school;
   - food, health and fitness.

B Personal and social life
   This should include:
   - self, family and personal relationships;
   - free time and social activities;
   - holidays and special occasions.

C The world around us
   This should include:
   - home town and local area;
   - the natural and man-made environment;
   - people, places and customs.

D The world of work
   This should include:
   - further education and training;
   - careers and employment;
   - language and communication in the workplace.

E The international world
   This should include:
   - tourism at home and abroad;
   - life in other countries and communities;
   - world events and issues.

Use of dictionaries

Dictionaries are allowed for certain papers, according to your Board's regulations. Therefore, you will need to learn how to use a dictionary effectively. Here are some important guidelines:

- Make sure you can spell English properly to speed up your search for the Spanish equivalent of a word in the English–Spanish section.
- Study the key to the abbreviations in the dictionary. These are used, for instance, to show you whether a word is a noun or a verb. If you confuse different parts of speech (e.g. noun/verb), you will be very inaccurate. The gender and plural of a noun are also important: you need to refer to the key to understand how the dictionary sets these out.
- If two meanings are given for a Spanish word, check the context to see which meaning is more appropriate.
- If you are looking for a Spanish translation of an English word, make sure that there is not more than one possibility.

- Don't translate word for word.
- For Speaking and Listening (if you are allowed a dictionary – this depends on the Examination Board), you need to know the sound of the words. You can't even look up the Spanish word you have heard if you do not have a fair idea of how it is spelt. For Speaking, if you mispronounce a word you have found in the dictionary, you will probably not be understood. Only the largest dictionaries tend to give you the phonetic transcript of a word to show how it is pronounced. You will not have time to use these in exam conditions owing to the number of pages you have to turn and all the possible translations they give, which are beyond GCSE level. So learn carefully how to say words well before the exam.

This is what you need to know about the Speaking exam:

REVISION SUMMARY

- It is compulsory; you cannot opt out of it.
- The speaking test in Spanish is the equivalent of the coursework that you do in other subjects.
    The ULEAC Board offers coursework as an alternative to an oral test: check with your teacher.
    The SEG Board requires staged assessment of oral work: check with your teacher.
- It is made up of either two or three parts: role play tests, a conversation and if you are doing MEG or NEAB you will have to do a presentation as part of your conversation.
- The exam will take place between March and May.
- It will be conducted by your teacher, who will usually be the one who decides when and where the exam takes place.
- It will be recorded on cassette and marked either by your teacher or by an external examiner.
- It will last between eight and twelve minutes.
- You will have time before the exam to prepare the role play situations. You can use a dictionary during the preparation time but not during the actual exam.
- You can keep the role play cards in front of you during the exam.
- Your teacher will play the role of a native speaker who speaks no English. This means you cannot ask him/her what words mean.

> **If you need to revise this subject more thoroughly, see the relevant topics in the *Letts* GCSE *Spanish Study Guide*.**

The role play situations will be based on the Areas of Experience used by every Board. However there are certain situations which lend themselves to role play and you should be aware of this. These situations are:

ROLE PLAY SITUATIONS

- at cafés and restaurants
- asking the way
- public transport
- at the campsite, youth hostel, hotel
- at the doctor's/scene of an accident
- shopping for food/drink/clothes
- at the post office
- on the telephone
- at the bank/exchange office
- lost property
- tourist information office
- at the cinema
- visiting and receiving an exchange partner.

When you are revising for or attempting role plays you should be aware of the following points:

- The instructions at the top of your card will be in English. These English instructions will set the scene. After that, the cues to guide you towards what you have to say are either in Spanish or are pictorial.
- The drawings used by the Boards can be very confusing. You must try to get used to the kind of pictures you will have to interpret before the exam.
- You must try and listen to and understand what your teacher is saying to you. He/She will guide you in Spanish into completing the task even if you do not understand what the picture is telling you to do.
- Most Examination Boards issue a booklet with a list of pictures and drawings. They are sometimes called visuals or icons. Ask your teacher if you can look at the booklet.

Letts
Q&A

- At Foundation level the skill lies in identifying what are the **key words** needed. If you can communicate the key words then you will almost certainly gain full marks even if you make grammar mistakes. So for instance if the visual shows a return ticket to Málaga you need to know *ida y vuelta a Málaga*. The *quiero* normally placed before it is not required to gain the mark.

There are three types of role play situation. You will take two of them. The two you take depend on whether you are entered for Foundation Tier or for Higher Tier: if you are entered for Foundation Tier, you take Types 1 and 2; if you are entered for Higher Tier, you take Types 2 and 3.

Tasks to be performed on CD

In this book there are 30 role play situations (called here Tasks 1 to 30), 10 for each different type. All are recorded on the CD together with the suggested answers. (The number of the CD track is noted within the CD symbol, beneath the task number.) Look at the task first, prepare your answers using a dictionary if you need one, then listen to your CD.

Whenever you hear the tone, stop the recording and give your answer. You then play on and listen to the suggested answer.

This is a series of about five questions based on pictures, words in Spanish or a mixture of both.

You will be assessed on the extent to which you fulfill the task. Minor errors will not count against you.

(In role play 2, there might be two or more items of information per question to deal with.)

You are in a café in Spain. Your teacher will play the part of the waiter/waitress.

TRACK 2

 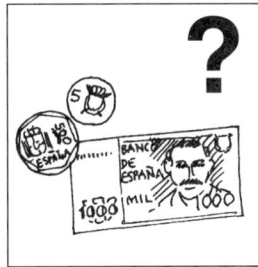

Examiner's tip This is a test on basic café vocabulary. You need to know the words for black/white coffee, cheese/ham sandwiches, the toilets and 'how much...?' You should not have to rely on the dictionary.

You are in a train station in Valencia and you want to buy a second-class single to Oviedo. You must find out how much the ticket costs, what time it departs and what time it arrives.

TRACK 3

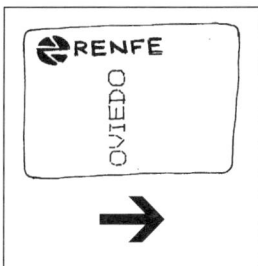  

Letts

Q&A

TASK 3

TRACK 4

You are in a post-office in Spain. You want to send two letters abroad. You do not know where the post-box is. Your teacher will play the part of the clerk and will start the conversation.

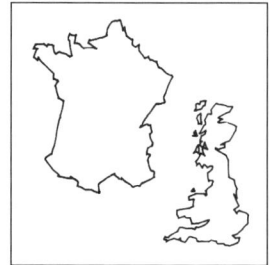

TASK 4

TRACK 5

You are in a restaurant in Spain. Your teacher will play the part of the waiter/waitress and will start the conversation.

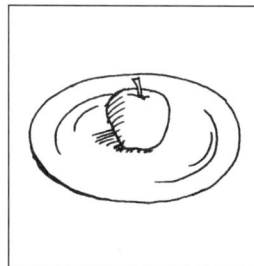

Letts
Q&A

You are in a service station in Spain and you want your car filled up, your tyres and oil checked and directions to your destination. Your teacher will play the part of the attendant and will start the conversation.

TASK 5

TRACK 6

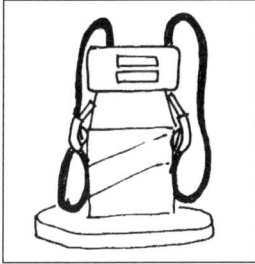

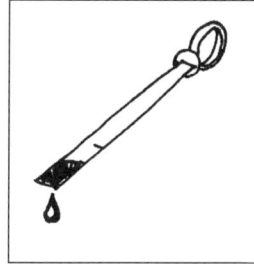

← Oviedo? →

Examiner's tip Make sure you know the two types of petrol: *súper* = '4-star' and *sin plomo* is 'lead-free'. 'To check' is *comprobar*.

You go into a hotel in Spain. Your teacher will play the part of the receptionist and will start the conversation.

TASK 6

TRACK 7

Examiner's tip The pictures can be misleading. A smily face means you have to say hello. The three moons mean you want to stay three nights and a question mark means you have to ask something.

Letts

Q&A

TASK 7

You apply for a job in a hotel in Spain. You are interviewed. Your teacher will play the part of the interviewer.

TRACK 8

1 ¿Nombre?
2 ¿Apellido?
3 ¿Nacionalidad?
4 ¿Edad?
5 ¿Idiomas?
6 ¿Experiencia?
7 ¿Cuándo puedes empezar?

Examiner's tip Remember that *nombre* means 'first name' and *apellido* is 'second name'.

TASK 8

You are at a fruit and vegetable stall and you want to buy three items. Remember to say hello and goodbye to the stall-holder.

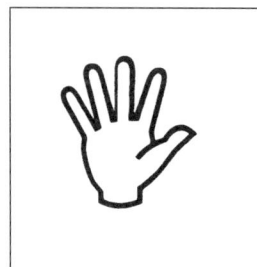

TRACK 9

Lista...

Examiner's tip Often question marks mean you have to indicate where something is; here you need to work out what they mean. For number 3, you have to ask if they accept credit cards and for number 4, you have to ask how much.

Letts
Q&A

You go into a bank in order to enquire about changing English money into pesetas. You want to know whether you can change money here, whether or not you can change traveller's cheques, how many pesetas you will get to the pound and whether you need to show your passport. Your teacher will play the part of the assistant and will start the conversation.

TASK 9

TRACK 10

£ → pesetas

?

TRAVELLER'S CHEQUE

£1 = ?

PASSPORT **?**

¿Comisión?

.........%

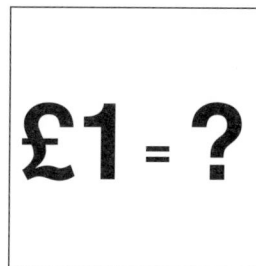

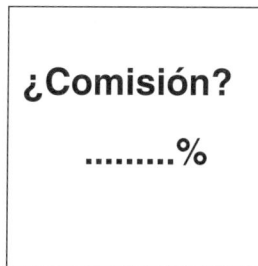

You lose a suitcase at the airport while on holiday in Spain. You go to the police station to report the loss. Your teacher will play the part of the police officer. He/she will start the conversation.

TASK 10

TRACK 11

PASAPORTE

Examiner's tip It is often difficult to interpret the Examination Board's pictures. A picture of something with a cross going through it usually means that that thing is missing.

Letts

Q&A

ROLE PLAY TYPE 2 – FOUNDATION AND HIGHER TIERS

Whether you do Foundation Tier or Higher Tier, you have to do this type of role play. It overlaps between Foundation and Higher Tiers.

- The tasks may be more open-ended. That means that instead of just one item you have to communicate, you may have to communicate a more complex idea, a number of items or make a choice.
- The examiner is looking for a higher level of Spanish from you but minor errors will still be tolerated.
- There will be one instance in every task where you must respond to an unprepared question from the examiner. Read this section in order to be ready for this.

The unprepared questions

You will have to face a role play question which you do not know beforehand. On your card it will say something like *Contesta a la pregunta* or for ULEAC there will be an exclamation mark on your card. Your teacher will have a script which tells him/her what to ask you. You have to understand what your teacher says so be ready for it! There are several ways you can prepare for these questions:

- Read the setting carefully. For instance if the setting says: 'You get oil on your jeans while cleaning your bicycle so you take them to the cleaner's', there is a good chance that the 'unprepared' question will ask you how you got your jeans dirty.
- The majority of 'unprepared' questions are linked to the previous role play command. Think carefully. Can you predict what it will be? For instance if the prompt is: *Di lo que has perdido*, you can be fairly sure that the examiner will ask you to give more details of the loss, for instance when, where, what was in it and what colour it was. Remember that you can use a dictionary in the preparation period.
- Remember that a short answer scores full marks and you have no need to use a full sentence. So have a short answer ready for 'what time?', 'when?', 'how much ?', 'where?', 'what did you buy?', 'what did you do?' or 'what did you eat (drink)?'. For example:

¿A qué hora te levantarás?	*A las ocho.*
¿Cuándo llegas? ¿Cuándo llegaste?	*Mañana/Ayer.*
¿Cuánto dinero quieres cambiar?	*Veinte libras.*
¿Dónde lo perdiste?	*En la playa.*
¿Qué compraste?	*Un libro.*
¿Qué comiste/bebiste?	*Pescado/Leche.*

Here are some examples of Role Play Type 2. Remember to prepare them with a dictionary before switching on your CD player.

TASK 11

You have just arrived at your Spanish friend's house after a difficult journey from England. Your teacher will play the part of the friend. He/she will start the conversation.

1 Da información sobre el viaje.
2 Da información sobre el retraso.
3 Da información sobre cómo te sientes.
4 Dile lo que quieres hacer más tarde.
5 Contesta a la pregunta.

Examiner's tip Remember: *da* means 'give', *di* means 'tell' or 'say'.

You get sun-stroke after sunbathing during a visit to Spain. You have a terrible headache. You go to the doctor. Your teacher will play the part of the doctor and will speak first.

TASK 12

TRACK
13

1 Explica por qué has venido.
2 Di un síntoma que tienes.
3 Dile la causa de tu enfermedad.
4 Dile con quién(es) has venido.
5 Contesta a la pregunta.

Examiner's tip Always know a few *síntomas: me duele el estómago, me duele la cabeza, tengo el brazo roto, me he quemado,* etc.
When asked the unprepared question, candidates very often ask for a repetition out of nervousness and to give themselves time to think. You may well lose a mark if you ask for a repetition. When asked this question, think first. Do not ask for a repeat unless you are really at a loss for an answer.
Do not leave your revision to the last minute and then try to cram in masses of information. Language-learning does not work like that. It is far better to learn in small doses over a longer period of time. Work out your revision programme now!

You are about to visit Spain so you ring an old Spanish friend. You are invited to stay with him/her.

TASK 13

TRACK
14

1 Explica por qué has llamado.
2 Dile cuándo llegarás.
3 Explica cómo harás el viaje.
4 Contesta a la pregunta.
5 Pide información sobre transporte desde el aeropuerto.

Examiner's tip Know the forms of transport: *andando* = 'on foot'; *en autobús* = 'by bus'; *en tren* = 'by train'; *en taxi* = 'by taxi'; *en coche* = 'by car'; *en avión* = 'by plane'.

You are driving in Spain with your family and you have a puncture. You are on a small road just north of Carmona. You telephone a garage. Your teacher will play the part of the garage owner and will speak first.

TASK 14

TRACK
15

1 Describe lo que ha pasado.
2 Describe dónde estás.
3 Contesta a la pregunta.
4 Describe dónde exactamente has aparcado el coche.
5 Pregunta la hora de su llegada.

Examiner's tip Remember you will have a dictionary to help you to prepare for this question. But you can waste a lot of time with a dictionary. You must learn key words like *pinchazo* for 'puncture' and *carretera* for 'road'.

Letts
Q&A

TASK 15

TRACK 16

You are spending a few days in Spain with your penfriend. He/she would like to go swimming. You show him/her your diary. Negotiate the best time and day. Your teacher will start the conversation.

	Mañana	**Tarde**
Martes	libre	de compras con Pedro
Miércoles	libre	libre
Jueves	al instituto	al cine
Viernes	viaje de vuelta a Inglaterra	

1 ¿Cuándo puedo ir a nadar?
2 ¿Qué día?
3 ¿A qué hora?
4 ¿Dónde nos encontramos?

Examiner's tip This type of role play requires a lot of agreeing and disagreeing so make sure you know how to say 'I agree', *estoy de acuerdo* and 'I disagree', *no estoy de acuerdo*.

TASK 16

TRACK 17

You have arrived at a hotel where you have booked two rooms. At the last moment your friend was taken ill so you only need one room. Also you want to return to England earlier than planned to visit your friend. Your teacher will play the part of the receptionist and will start the conversation.

1 Explica lo que ha pasado.
2 Explica la reserva que has hecho.
3 Explica el cambio de duración de tu estancia.
4 Tienes sed. Pide ayuda.
5 Contesta a la pregunta.

Examiner's tip Try to guess what the unprepared question will be. In a hotel scenario, it will often be about the conditions of your stay, e.g. something about your room or the times of meals or departure. Have your answers ready for all of these.

TASK 17

TRACK 18

It is your brother's birthday and you have been sent to the market to buy food for a family meal. Your teacher will play the part of the store-holder and will start the conversation.

1 Di al tendero por qué es especial la cena.
2 Escoge tres frutas.
3 Escoge tres legumbres.
4 Contesta a la pregunta.
5 Escoge tres bebidas.

Letts
Q&A

You get the same marks for knowing common fruit and vegetables as you do for knowing exotic fruit and vegetables. Make sure you know apples, pears and bananas, as well as potatoes, onions and lettuce.

You are discussing with your Spanish friend what you are going to do during the day before you go to a friend's party. Say what you want to do and say what you do not want to do. The exclamation mark means that you will be asked a question.

TASK 18

TRACK 19

If you take the ULEAC board, role plays are done pictorially at this level, and you need to know that an exclamation mark means that you will be asked an unprepared question.

You are booking a ticket at a Madrid railway station and you want to go to Málaga the day after tomorrow with a friend. You want to take your cycle on the train with you. The exclamation mark means that you have to reply to a question. Your teacher will play the part of the official and will start the conversation.

TASK 19

TRACK 20

1 Di el tipo y clase de billete que quieres.
2 Di cuándo quieres viajar.
3

4

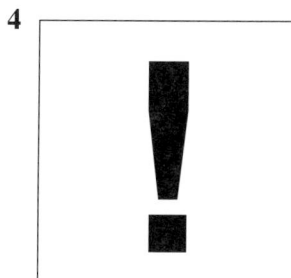

The words for 'the day after tomorrow' (*pasado mañana*) and 'the day before yesterday' (*anteayer*) are extremely useful and often tested.

Letts

Q&A

TASK 20

TRACK
21

You want to learn to drive in Spain. You phone a driving school. You are working and have weekends and evenings free. Your teacher will play the part of the receptionist and will start the conversation.

1 Explica la razón de tu llamada.
2 Da tu nacionalidad y tu número de teléfono.
3 Contesta a la pregunta.
4 Dile cuándo quieres empezar.
5 Dile cuándo quieres dar clase.

ROLE PLAY TYPE 3 – HIGHER TIER

This type of role play will contain a greater degree of unpredictablity. The exact kind you will get will vary depending on your Examination Board. For instance you may have a series of pictures and you have to tell the story of the pictures in the past tenses (MEG). You may have to come to an agreement with someone about where to go, what to do and what time to go (NEAB). You may have a role play just like Role Play Type 2 but with two unpredictable elements instead of one (WJEB or ULEAC).

Role Play Type 3 for MEG

Tasks 21–24 are MEG-type role plays. These role plays take the form of a series of pictures telling a story, telling how someone spent a day or a series of days. You can usually decide if the subject of the story is you or someone else. It is important to realise that the past tenses (preterite, pluperfect and imperfect) are going to be essential so revise them from the grammar section in your textbook.

Most of these tasks require you to talk about things that 'I' did or that 'we' did. So you should concentrate on those parts of the verb. If you want to make things simpler, then instead of saying 'we went', just say 'I went with my friend/family' so then you only have to concentrate on the 'I' part of the verb.

Examiner's tip Learn this list of preterites and see how often they occur in the suggested answers that follow:

bebí	I drank	*fui*	I went
comí	I ate	*llegué*	I arrived
compré	I bought	*perdí*	I lost
decidí (+ inf.)	I decided	*tomé*	I took
di un paseo	I went for a walk	*vi*	I saw
empecé a (+ inf.)	I started to	*viajé*	I travelled
encontré	I found	*visité*	I visited
conocí a	I met	*volví*	I returned
entré en	I went in		

Try and introduce an imperfect tense into the account. If you find this difficult, just mention the weather or what you were wearing:

Hacía buen tiempo.	It was nice weather.
Hacía sol.	It was sunny.
Llovía a cántaros y estábamos mojados hasta los huesos..	It was pouring and we were soaked to the skin.
Llevaba mi jersey nuevo.	I was wearing my new jersey.

Try to build up a collection of mark-winning phrases. For example:
al + infinitive:
al llegar   on arriving

Letts
Q&A

para + infinitive:	
para reservar un billete	in order to book a ticket
antes de + infinitive:	
antes de comer	before eating
después de + infinitive:	
después de comer	after eating
¡Qué día!	What a day!
¡Qué barbaridad!	How awful!
sin + infinitive	
sin perder un momento	without wasting a moment

See how these expressions are used in the recording.

The notes and pictures below give an outline of how a day was spent during a hotel holiday in Spain. Say what happened. You do not need to mention every detail but you must cover the whole day's events.

TASK 21

TRACK 22

08.00 Hotel Sol
– desayuno
– lo que se comió
– lo que se bebió

10.00
– descanso
– conocer a una persona interesante en la piscina

11.00 El Corte Inglés
– de compras
– los regalos
– ¡muy caros!

13.00
– el almuerzo
– dónde
– con quién
– lo que se comió
– ¡qué vista!

15.00

– excursión
– ¿medio de transporte?
– ¿adónde?
– con un nuevo amigo ¿quién?
– ¿qué tal el viaje?

17.00

– una ciudad interesante
– más regalos
– un ladrón

20.00

– el viaje de regreso
– una avería
– lo que se hizo

22.00

– más tarde

The notes and pictures below give an outline of a road accident in Spain. Say what happened. You do not need to mention every detail but you must cover all the events.

– ¿quién era el/la ciclista?
– ¿adónde iba?
– ¿su nacionalidad?

– lo que pasó
– ¿por qué no paró el/la ciclista?

– lo que pasó después

– ¿cómo estaba el/la ciclista?

– lo que hizo el conductor

– ¿cuánto tiempo?

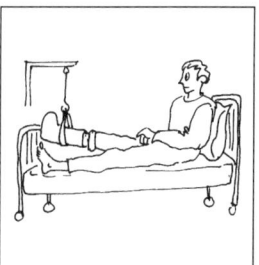

– ¿cómo estaba el/la ciclista?
– ¿cuánto tiempo en el hospital?

TASK 23

The notes and pictures below give an outline of a party in Spain. Say what happened. You do not need to mention every detail but you must cover all the events.

TRACK 24

MAYO
1 2 3 4
5 6 7 8 9 10 11
12 13 14 15 16 17 18
19 20 21 22 23 24 25
26 27 28 29 30 31

– un día especial
– ¿por qué?
– ¿para quién?

– planes para una fiesta
– ¿muchos invitados?
– la fiesta... ¿dónde?

– de compras
– ¿dónde?
– ¿qué cosas?

– ¡cuántos regalos!

– la fiesta
– juegos
– lo que se hacía
– la bebida y la comida

– un incidente desastroso

– la vuelta de los padres

Examiner's tip | Note how often the useful phrases listed above occur.

The notes and pictures below give an outline of a touring holiday in Spain. Say what happened. You do not need to mention every detail but you must cover all the events.

TRACK 25

Santander – viaje tranquilo en barco
– lo que se hacía durante el viaje

– avería en la autopista

SANTANDER

HOTEL

BARCELONA

Madrid
– ciudad magnífica
– los monumentos
– la gente

MADRID

Barcelona
– un hotel de lujo
– descripción del hotel
– un restaurante excelente
– lo que se comió
– lo que se bebió

Sevilla
– muchos ladrones
– lo que se perdió
– desaparición del coche
– vuelta a Inglaterra en avión

SEVILLA

MÁLAGA

– visita a unos amigos en el campo
– un incidente

– niebla en la autopista

Málaga
– playa magnífica
– tiempo excelente
– encuentro con una persona interesante

Letts
Q&A

Role Play Type 3 for NEAB

Tasks 25–27 are NEAB-type role plays. You may well have to come to an agreement about something, persuade someone about something or sort out a problem. You may have to start off by saying that you want to do something or that you like something. The examiner/your teacher will then disagree with you.

TASK 25

TRACK 26

Your Spanish friend tells you that in Spanish schools the students are allowed to smoke in the corridors and playground. He thinks this is a good idea. You think it is a bad idea. Your teacher will play the role of your friend and argue with you. You must convince him that the English system is better.

1 Describe las normas de tu instituto.
2 Da tu opinión del sistema español.
3 Cuando tu amigo dice que el sistema español es mejor, di que no estás de acuerdo y da razones.

TASK 26

TRACK 27

You arrive at a youth hostel very late at night. The owner tells you the hostel is full. It is raining and there is no other accommodation nearby. Persuade the owner to let you sleep on the floor. Your teacher will play the part of the warden and will start the conversation.

1 Di lo que quieres.
2 Di por qué es imposible ir a otro sitio.
3 Da una razón especial para convencer al dueño.

TASK 27

TRACK 28

You and your Spanish friend are deciding what to do. You look at these adverts in the paper. Say what you would like to do and give a reason. Try to get your friend to do what you want to do. Your teacher will play the part of the friend and will start the conversation.

DISCOTECA LA MARIPOSA

• GRAN LUJO

• MUSICA ESTUPENDA

• PRECIOS INTERESANTES

• HASTA LAS 2

Letts
Q&A

GRAN PARTIDO DE FUTBOL

REAL MADRID - BARCELONA

A LAS CUATRO

CINE ASTORIA

GRAN ESTRENO

Rocío Díaz en

LA PUESTA DEL SOL

(con subtítulos)

> **Examiner's tip** Always have a few reasons ready for use. *Estoy cansado/a, no me gusta, me encanta, prefiero...* are good stand-bys.

Role Play Type 3 for WJEB

Task 28 is a WJEB-type role play. You may well be asked to answer an unpredictable question more that once, to ask questions of your teacher/examiner and to give your opinions on matters.

Your Spanish exchange partner has just been with you to your Spanish lesson. He/she talks about the language and the lesson. Your teacher will play the part of your Spanish friend and will begin the conversation.

TASK 28

TRACK 29

1 Contesta a la pregunta de tu amigo.
2 Dile por qué te gusta aprender español.
3 Contesta a la pregunta de tu amigo.
4 Da tu opinión de tu profesor.
5 Pide la opinión de tu amigo.

> **Examiner's tip** Have at hand a stock of phrases to describe people physically. *Tiene los ojos azules, el pelo largo, lleva gafas, es muy alto/a* are always useful to know.

Letts

Q&A

Role Play Type 3 for ULEAC

Tasks 29 and 30 are ULEAC-type role plays. There will be two unpredictable questions in those role plays and also a visual stimulus, for instance a menu or an advertisement. Below the visual stimulus, there will be prompts in Spanish.

TASK 29

TRACK 30

You are in a restaurant in Spain and you have seen this advert. Your teacher will play the part of the waiter.

> ### *Restaurante el Tulipan*
>
> Menú del día
> 400 ptas. sin postre
> 500 ptas. con postre
>
> *Servicio incluido*

– el menú
– ¿tu fruta favorita?
– ¿bebida?
– ¿propina?

TASK 30

TRACK 31

Your English friend has had an accident and you travel with him/her to the hospital. Your teacher will play the part of the doctor.

> # HOSPITAL
> # SAN ANTONIO
>
> • servicio de urgencia
> • todos nuestros médicos son especialistas

– lo que pasó con tu amigo
– el dolor
– ¿cuándo y dónde?

CONVERSATION

First check with your teacher to find out what to expect in the conversation part of your speaking exam. If you are doing MEG or NEAB, you will start off with a presentation. If you are doing other boards you need not read the following section.

Presentation

MEG says you **may** use illustrative material, NEAB says you **must** use it. This means that if you want to talk say about your stamp collection or a book or an article, you should bring those items into the exam. You can then point out things during your presentation and your teacher will ask you questions on them.

● MEG gives you a separate mark for your presentation. With NEAB, you get one mark overall for your presentation and your conversation.

● MEG says that you can take some notes into the exam to remind you of what you are going to say. You can take in a piece of paper with five short headings. You will not be allowed just to read from written notes. NEAB do not allow you to take any notes in at all.

Your teacher will be looking out for the following things:

● use of past, present and future tenses. The Boards do recognise that it may be difficult for you to use all three in the presentation, but you should try. Bear this in mind when choosing the title of your presentation.

● unusual vocabulary and structures.

● your ability to give a good presentation but also your ability to answer any unpredictable questions he/she asks.

● choice of topic. Do not choose 'Myself' because it is too broad and may overlap with other topics during the conversation section. Some suggestions might be:

● *Mi revista favorita*   ● *Mi música favorita*
● *Mi profesor(a) favorito/a*   ● *Mi estrella favorita*
● *Mis vacaciones*   ● *Mi pasatiempo favorito*
● *Mi familia*   ● *El intercambio*
● *Mi hermana*   ● *Mi visita a España*
● *Mi deporte favorito*   ● *Mi futuro*

There is an example of presentation on the recording. You should not use it yourself because your presentation must be your own work. However, it may give you ideas.

In this presentation, there are examples of the preterite, the imperfect, the present, the conditional and the future tenses. There is a direct object pronoun, *los*, and advanced structures like *mientras que, a mis padres les gusta,* and *solemos*.

The presentation would then be developed by your teacher. He/she would probably ask you:

¿Cuánto tiempo pasastéis en Devon?
Describe la persona a quien conociste en la discoteca.
Describe tu dormitorio en la casa.
¿Qué hacían tus padres por la tarde?

TRACK 32

Foundation Tier conversation

On the recording, you will find examples of the kind of questions which you can expect to be asked and which you should be able to answer. They fall within the following topics:

TRACK 33-37

Your region **[33]**   School **[35]**
Your pastimes and interests **[34]**   Holidays **[36]**
                              Daily routine **[37]**

Letts

Q&A

You can also be asked questions on 'You and your family' and 'House and Home', but these topics, which are relatively simple, do not feature on the CD.

Higher Tier conversation

- You will be assessed on your communication skills and also on the quality of your language.

- You will be asked to show your knowledge of tenses by being asked questions about what you did in the past, what you do normally and what you will do in the future. Your grade depends on how well you produce the different tenses.

- Your answers need to be longer than at Foundation Tier. You will be asked open-ended questions (questions that allow you to answer at length, e.g. *describe tus vacaciones*) and you must show that you can talk at length using impressive vocabulary and structures.

- You will not be allowed to give a pre-learnt speech. Your teacher will interrupt when he/she realises this is what you are doing.

- Your teacher will have a list of topics on which the conversation will be based. He/she may give you a list of topics and questions and you should concentrate on these.

- The topics that you are most likely to encounter are:

Family	Daily routine
House and home	Special occasions
Your village, town or region	The world of work
Your school	Pocket money
Your friends	Your future plans
Shopping	Your hobbies and leisure
Food and meals	Your holidays

In the exam:

- Try to give long answers.

- Try to use any impressive vocabulary that you know.

- Try to put expression into what you say.

- Prepare a few phrases and words that your classmates do not know. Spring them on your teacher in the exam (make sure they are right first!). He/she may be impressed to the point of increasing your mark.

Although your answers must not be a pre-learnt speech, it is nevertheless important that you are able to speak for about a minute or so on these topics. Practise on your own, then with a friend or a parent (asking them to interrupt you and ask you an unexpected question). Finally, listen to the examples on the CD.

TRACK
38–44

Your family **[38]**
Your house and home **[39]**
Your village/town/region **[40]**
Your hobbies **[41]**
School **[42]**
Future plans **[43]**
Holidays **[44]**

Examiner's tip Most of the questions you will hear on the CD are very predictable, so be sure to have a the framework of a little speech worked out to describe your family, your school, your holidays, your pastimes and your town or region.

Letts
Q&A

This is what you need to know about the Listening test at Foundation Tier:

- You must be entered for either the Foundation Tier or the Higher Tier of the Listening test. You cannot opt out.

- You cannot be entered for both tiers: you must choose one or the other.

- Your teacher will ask you in about January which tier you wish to take.

- You will have to listen to a cassette recorded by native Spanish speakers.

- The scenarios for the recordings will be taken from the five Areas of Experience listed in the introduction to this book.

- Most of the questions will be in **Spanish**. You must answer in **Spanish**, or tick a box, or give a visual answer (e.g. draw a symbol in a box). However, a small percentage of the questions will be in English and when you see that the rubric is in **English**, then you should answer in **English**.

- Each recording will be heard twice and the recordings will be relatively short.

- At Foundation Tier, you will be asked to understand specific detail (at Higher Tier, you will have to draw conclusions).

- You are not expected to understand every single word.

How to prepare for the Foundation Listening test

- Listen to as much Spanish as you can. If travelling by car, listen to a Spanish cassette or CD on the way. If on a coach, take a personal stereo and listen to a Spanish cassette.

- Make the most of the recording which accompanies this book (see below).

- There is certain vocabulary which is always going to be needed because this test is looking for specific items:
  jobs and professions
  relatives
  physical descriptions
  items of clothing
  numbers
  days of the week, months of the year, seasons
  weather
  places in a town
  shops
  landmarks in the country
  directions (e.g. left, right)
  time expressions (e.g. last week, yesterday)
  school subjects

During the exam

- Fill in the front of your booklet quickly (have your candidate and centre number ready) so that you can spend as much time as possible reading through the questions.

- The rubrics to the questions will nearly always be in Spanish. You must be able to understand the rubrics.

- There is often a clue to the answer in the rubric, so read the rubric carefully.

- You may find that it helps to write things down in Spanish as you hear them to give you time to work them out in English. For example, if you know the answer is a number, then when you hear, say, *mil cuatrocientos*, write it down in Spanish and then take your time working out that it is 1,400.

Letts

Q&A

- Remember that you do not have to answer in full sentences. Many of the questions will be box-ticking types, but if you do have to write in Spanish then a short or one-word answer scores full marks.
- If you are really stuck, guess! Do not leave the question space blank.

- If you are entered for the Higher Tier, you cannot do the Foundation Tier.
- The recordings are faster than at Foundation Tier and the vocabulary is beyond the Minimum Core Vocabulary List issued by your Board.
- The recordings are of native speakers and there may be background noises.
- The recordings are longer and harder. They may be split into sections. If that is the case, you will hear either the whole recording through and then hear it repeated in sections, or you will hear one section and that section repeated, then the second section and that section repeated, and so on. Listen out for the instructions.
- There are likely to be more

  long conversations and discussions;

  arguments;

  requests and instructions.
- One major difference between Foundation Tier and Higher Tier is that at Higher Tier you will be asked to draw conclusions and detect emotions. You will meet examples of this in the examination questions in this book.

During the exam

These are the points to remember on exam day.

- Listen carefully to the instructions and make sure you have learnt all the possible rubrics in Spanish, so that you will understand the instructions written on the paper.
- Remember that the mark allocation for each question will give you a clue as to what information and how much information is required.
- Always attempt every question even if you have to guess.
- Remember that questions asking for specific detail follow the order of the information in the recording. However a question which asks you to detect emotions or draw conclusions may require you to draw upon information given throughout the recording.

If you need to revise this subject more thoroughly, see the relevant topics in the *Letts* GCSE Spanish Study Guide.

Letts

Q&A

You should be at the start of the Listening section on the CD.

Note that in order to give plenty of examples on the recording, each Spanish sentence or text in these exercises is played **once** only and there are no built-in pauses for writing answers: you have to pause the machine yourself. (In the examination, you will usually hear the Spanish stimulus twice.) Replay the sentence or exercise in order to hear it for a second time. However, to give you an idea of what the exam is like, listen to each stimulus no more than twice.

LISTENING QUESTIONS

TRACK 45

Read the setting and questions below. Then listen to the recording.

FOUNDATION TIER

TASK 1

TRACK 46

Questions
You and your family have just arrived at La Siesta campsite in Spain. You are at the reception.

1 The receptionists, Cristina and Manuel, tell you that they cannot find your reservation. What does Cristina ask you? (1)

2 What does Cristina want to know? Mention three things. (3)

3 Manuel describes where you can put your tent. What three things will you find near your tent? (3)

4 Cristina interrupts.

(a) What does she ask you to give her? (1)

(b) When can you have it back? (1)

5 You ask Manuel the way to the pitch where you will put up your tent.

(a) What does he tell you? Mention one thing. (1)

(b) What is the number of your pitch? (1)

NEAB 1994

Examiner's tip	Notice how the questions and answers are in English. About 20% of the questions will be like this.

El tiempo
Escucha el boletín meteorológico y en el mapa de España pon la letra correcta en la casilla adecuada.

TASK 2

TRACK 47

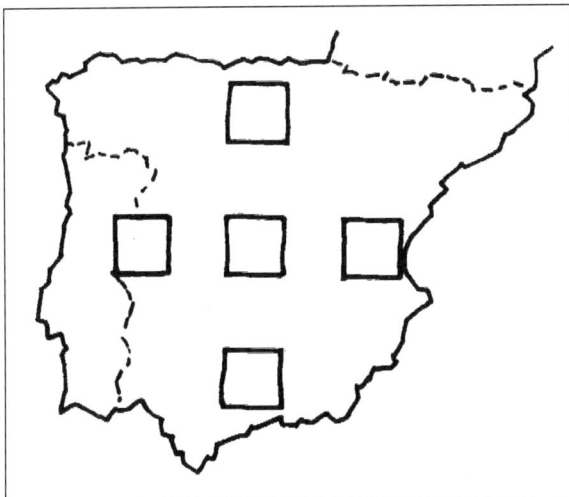

(5)

TASK 3

María describe su instituto
Escucha lo que dice María e indica si las frases son verdaderas o falsas.

TRACK 48

	verdad	falso
1 El instituto de María es bastante pequeño.	☐	☐
2 El instituto se encuentra en las afueras.	☐	☐
3 Sus clases empiezan a las 8.30.	☐	☐
4 María va a casa en coche.	☐	☐
5 Siempre se queda en el instituto durante la hora de comer.	☐	☐
6 A María le gusta ir a nadar.	☐	☐
7 María suele cenar a las 21.00.	☐	☐
8 A María le encanta el inglés.	☐	☐
9 Le gusta su profesor de química.	☐	☐
10 En su instituto los estudiantes llevan uniforme.	☐	☐ (10)

TASK 4

José manda un cassette
Escucha y contesta a las preguntas.

TRACK 49

1 ¿De dónde es José?
Pon una señal en la casilla correcta.

A ☐
B ☐
C ☐
D ☐

2 ¿Cuántos años tiene José?
A 14 ☐   B 15 ☐   C 16 ☐   D 17 ☐

3 ¿Cuáles son los hermanos de José?

☐ ☐ ☐ ☐

4 ¿Dónde vive Juan?

A ☐

B ☐

C ☐

D ☐

5 ¿Dónde vive José?

A ☐

B ☐

C ☐

D ☐
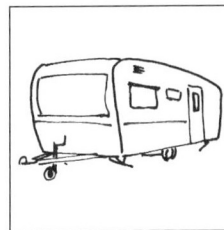

6 ¿Cuál es la profesión de su padre?

A ☐

B ☐

C ☐

D ☐

7 ¿Cuál es su número de teléfono?

    A 5 17 33 39 ☐   **B** 5 17 22 39 ☐   **C** 5 17 4 42 ☐   **D** 5 17 44 39 ☐

8 ¿Cuántas veces ha estado en Inglaterra?

    A 0 ☐   **B** 1 ☐   **C** 2 ☐   **D** 3 ☐

9 ¿Qué tiempo hace en España?

    A ☐    **B** ☐

    C ☐    **D** ☐

10 ¿Cuál es su hobby favorito?

    A ☐    **B** ☐

    C ☐    **D** ☐

(10)

> **Examiner's tip** It is very hard to understand telephone numbers. Remember that the number is said in groups of two, i.e. 28 42 is *veintiocho cuarenta y dos*. Do not try to understand the number straight away. Write down the words that you hear and then try to work out the number from what you have written.

Trabajo
Esperanza habla de su trabajo. Contesta a las preguntas.

1 ¿En qué trabaja Esperanza?
  A trabaja con estudiantes ☐
  B trabaja con criminales ☐
  C trabaja en periódicos ☐
  D trabaja con sus vecinos ☐

2 ¿Cómo es el trabajo?
  A es interesante ☐
  B es muy cansado ☐
  C es aburrido ☐
  D es intenso ☐

3 ¿Cuánto tiempo lleva trabajando?
  A un día ☐
  B una semana ☐
  C un mes ☐
  D dos meses ☐

4 ¿En qué se gasta el dinero?
  A en discos ☐
  B en ropa ☐
  C en ordenadores ☐
  D en sus amigos ☐

5 ¿Cómo son sus compañeros de trabajo?
  A son todos muy callados ☐
  B son todos muy habladores ☐
  C ha encontrado una amiga especial ☐
  D nadie le habla ☐

(5)

Examiner's tip Remember ¿*Cómo son?* does not mean 'How are they?', it means 'What are they like?' 'How are they?' is ¿*Cómo están?*

En la oficina de objetos perdidos
Escucha la conversación entre el empleado y una persona que ha perdido algo.
    Rellena la ficha.

Nombre ....
Apellido ....
Dirección ....
....
....
Teléfono ....
Objeto perdido ....
Descripción del objeto perdido.........................
....
Otra(s) cosa(s) perdida(s) ....
....
Lugar de la pérdida ....
Hora de la pérdida ....

(10)

Examiner's tip Remember *nombre* is 'first name' and *apellido* is 'second name'.

TASK 7

Una cita con el médico

¿Qué querrá saber el médico? La recepcionista habla. Pon una señal en la casilla correcta.

TRACK 52

	necesita	no necesita
apellido	☐	☐
edad	☐	☐
nacionalidad	☐	☐
dirección	☐	☐
fecha de nacimiento	☐	☐
número de teléfono	☐	☐
síntomas	☐	☐

(7)

Examiner's tip *Dirección* can mean 'direction', but it usually means 'address'.

TASK 8

Rosita y Carmen discuten lo que van a hacer. Rellena los espacios en blanco con las palabras adecuadas.

TRACK 53

	Idea	*Sí o No*	**Razón**
Ejemplo	*concierto*	*no*	*muy lejos*
	cine		
	visitar a Pepe		
	ver la tele		
	discoteca		

(8)

Examiner's tip Make sure you understand the instructions in Spanish before each question. *Los espacios en blanco* (or *los huecos*) means 'blanks'. *Adecuadas* means 'suitable'.

TASK 9

Un accidente

Escucha las noticias en la radio y di si estas frases son falsas o correctas.

TRACK 54

	verdad	falso
1 El accidente ocurrió en las afueras.	☐	☐
2 Un camión chocó con un ciclista.	☐	☐
3 El accidente fue culpa del ciclista.	☐	☐
4 El médico llegó después de la ambulancia.	☐	☐
5 El ciclista tiene el brazo roto.	☐	☐
6 El chófer dijo que el ciclista había tenido suerte.	☐	☐

(6)

Examiner's tip Make sure you know all the 'accident' vocabulary: *roto* = 'broken', *brazo* = 'arm', *pierna* = 'leg', *chocar con* = 'collide with', *un semáforo* = 'traffic lights'.

Letts

Q&A

¿Quién es?

Pon una letra en la casilla correcta.

Pepe ☐
Fernando ☐
Augustín ☐
Alonso ☐
José ☐

TRACK 55

A

B

C

D

E

F

(5)

Examiner's tip Look at the pictures first and work out how you would describe them in Spanish before you hear the recording. Make sure you know words for earring – *pendiente*, ring – *anillo* and necklace – *collar*.

Letts

Q&A

TASK 11

En el pueblo

¿Dónde están estos sitios?

Pon la letra correcta en las casillas.

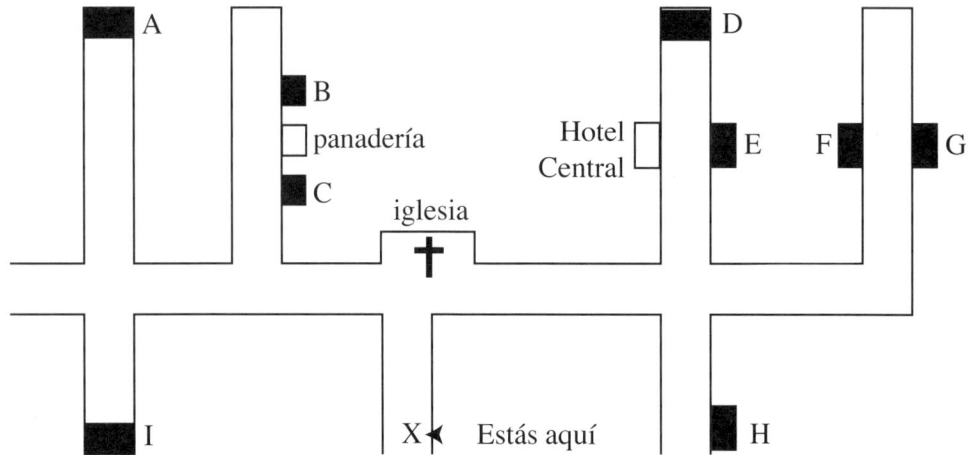

1 La carnicería   ☐
2 El hotel Londres   ☐
3 La estación   ☐
4 Correos   ☐
5 La farmacia   ☐   (5)

Examiner's tip Make sure you orientate yourself before you hear the recording. Make sure you know where your starting point is (*estás aquí*) on the map. You are as likely to lose marks on this question by getting right and left mixed up as by not understanding the Spanish.

TASK 12

Unas vacaciones en grupo

Escucha el programa de actividades para estos jóvenes. Pon una señal en las diez casillas correctas.

	lunes		martes		miércoles		jueves		viernes	
	mañana	tarde	mañana	tarde	mañana	tarde	mañana	tarde	mañana	tarde
Deporte	☐	☐	☐	☐	☐	☐	☐	☐	☐	☐
Tiempo libre	☐	☐	☐	☐	☐	☐	☐	☐	☐	☐
Música	☐	☐	☐	☐	☐	☐	☐	☐	☐	☐
Excursiones	☐	☐	☐	☐	☐	☐	☐	☐	☐	☐

(10)

Examiner's tip Make sure you understand the instructions. You need to tick ten boxes. The (10) and the reference to *diez casillas* tell you this. If you tick more you will be penalised in an exam.

TASK 13

You are watching a Spanish TV programme for young people. Youngsters are being asked how they would cope on a desert island.

They are asked three things: how they would spend the time; any particular item they would take with them; and what they would miss.

Now look at the notes below. Listen to the recording and fill in the gaps. Some of the gaps have been filled in for you.

	Way of spending the time	**Article to take**	**What they would miss**
Juan	sunbathing	sleeping bag	bed
Nacho	1	2	studies
Dolores	reading	3	4
Conchita	5	6	7
Pablo	8	9	10

(10)

MEG 1994

Examiner's tip Do not be caught out by the word *lectura*. It does not mean 'lecture', it means 'reading'.

Escucha las noticias de Radio España. Cinco de los titulares siguientes son correctos. Pon una *x* al lado de los cinco titulares.

TASK 14

TRACK 59

Hace un tiempo maravilloso por toda España.
Un líder estadounidense visita Gran Bretaña.
Una enfermedad grave en la familia real.
Un asesinato en la capital de España.
El gobierno admite haber perdido millones de pesetas.
Buenas noticias para los habitantes de un pueblo en el sur.
Un avión se estrella en Asturias. No hubo supervivientes.
El mal tiempo provoca una situación grave.
Atraco de un banco en Madrid. Desaparecen cinco millones de pesetas.
Un accidente ferroviario provoca dos muertos.

(5)

Examiner's tip This is one of the questions that you will meet at Higher Tier which expect you to be able to draw conclusions. If you look at the second declaration above, *Un líder estadounidense visita Gran Bretaña*, you can be sure that what you will hear will not be those exact words. There will be words that amount to the same thing but you will be expected to recognise that the two different wordings mean the same thing.

Listen to these three Spaniards talking about their future jobs abroad. Fill in the grid in English.

TASK 15

TRACK 60

	Country	**Reason for liking that country**	**Job**
David			
María			
Rafael			

(9)

Examiner's tip Make sure that you know all the 'job' vocabulary, i.e. the Spanish for common jobs.

Letts
Q&A

TASK 16

Escucha el reportaje de este incidente y di si las declaraciones son verdaderas o falsas.

TRACK 61

	verdad	falso
1 Hubo un incendio en un supermercado.	☐	☐
2 El incidente tuvo lugar en las afueras de una ciudad.	☐	☐
3 El incidente tuvo lugar en Argentina.	☐	☐
4 Hubo cinco víctimas.	☐	☐
5 Los bomberos esperaron antes de entrar en el supermercado.	☐	☐
6 El incidente ocurrió por razones políticas.	☐	☐ (6)

Examiner's tip Again another question which expects you to draw conclusions.

TASK 17

TRACK 62

You are helping your Spanish friend to make a survey on the educational progress of young Spanish students. Five students are asked about their progress and attitudes to study. You will hear their answers. Listen to what they say, select from List 1 the topic which best fits what the student has said and then write either letter **A**, **B**, **C**, **D**, **E** or **F**. You will not need to use every topic on the list.

Also for each student select from List 2 the word that best describes the speaker's attitude and write either letter **G**, **H**, **I**, **J**, **K** or **L**. You will not need to use every word in the list.

So if you feel that the **Student 1** is talking about a *clash of personalities* and is *ambitious*, you should write **A** and **G** for Question 1.

Now read through the questions.

List 1 – Topics
A   a clash of personalities
B   work before pleasure
C   bad decisions
D   a family illness
E   duty to one's family
F   leaving education behind

List 2 – Attitudes
G   ambitious
H   having regrets
I   feeling victimized
J   indifferent
K   helpful
L   grateful

Student 1
He is talking about   (1)
He is   (1)

Student 2
She is talking about   (1)
She is   (1)

Student 3
He is talking about   (1)
He is   (1)

Student 4
She is talking about   (1)
She is   (1)

Student 5
He is talking about   (1)
He is   (1)

MEG 1993

Letts
Q&A

Examiner's tip Make sure you know the alphabet in Spanish.

This is what you need to know about the exam.

- You must opt for either the Foundation Tier or the Higher Tier. You cannot do both.

- Most people consider Reading as the easiest of the four skills.

- You will have to deal with authentic material, i.e. material that you might expect to encounter in Spain rather than material written by an English person. The Examination Boards are under instructions to set questions on:

signs   letters
notices   tourist and leisure guides
advertisements   extended texts
brochures

- Most of the questions will be asked in Spanish. About 20% will be asked in English. The rule is: if the rubric (i.e. the instructions at the top of the question) and the questions are in **English**, answer in **English**. If the rubric and the questions are in **Spanish**, then you answer in **Spanish**.

- Many of the questions will be of a box-ticking or form-filling nature.

- If you have to answer by writing Spanish words, then you are usually required to write a very short answer. You will only lose marks for your Spanish if it is so bad that the examiner does not understand it. The odd minor mistake does not matter.

- You may use a dictionary throughout. Make sure you know the dangers of over-use of the dictionary. Read the section on dictionary use at the beginning of this book.

- If you are doing the short course, the questions will be restricted to two Areas of Experience, usually Areas B and D. If you are doing the full course, expect questions from all the Areas of Experience. See the section on Areas of Experience at the beginning of this book.

- At Foundation Tier, you will need to be able to identify specific points of detail. At Higher Tier, you will have to be able to
  - understand the gist of texts;
  - understand agreement and disagreement;
  - identify attitudes, emotions, ideas;
  - draw conclusions;
  - identify relationships between ideas.

During the exam

- Remember to read the setting of each question. It can often give a clue to the answer. Often there is information in the setting of the question which is essential for the understanding of the question.

- Remember to look at the mark allocation for each question. If two marks are allocated, you know that the examiner is looking for two elements.

- If writing in Spanish, keep your answers short. If, say, you are asked *¿En qué dirección... ?* and the anwer is that you must turn left, do not write *Para ir al ayuntamiento, hay que ir a la izquierda.* Do not write *Hay que ir a la izquierda.* Just write *izquierda.* This is sufficient to get full marks.

- Always attempt each question even if you have to guess. But remember that if you have more than one guess the examiner will only look at the first answer you write.

- In a multiple-choice question, you will get no marks if you tick more than one box when asked to tick one only.

- In a multiple-choice question, if you have to correct your original choice, make sure that the examiner knows which option you have finally chosen.

If you need to revise this subject more thoroughly, see the relevant topics in the *Letts* GCSE Spanish Study Guide.

Letts

Q&A

READING QUESTIONS

These questions are either from past papers or have been prepared by a Chief Examiner. The suggested answers are given at the end of the book. Note that some of the questions are set in Spanish and some in English.

FOUNDATION TIER

TASK 1

1

> **SE VENDE**
> ***********
>
> *Medina Azahara*
>
> • Zona tranquila
> • Planta baja con piscina y jardín privado
> • Próximo a colegio y polideportivo
> • Garaje
>
> INFORMACION Y VENTA (45) 256 33 16

¿Verdadero o Falso? Pon una ✘ en las casillas adecuadas.

	Verdadero	Falso
Ejemplo: Los pisos se llaman Medina Azahara	✘	
(a) El piso está en la carretera nacional		
(b) No tiene su propia piscina		
(c) Hay una escuela cerca		
(d) Hay donde aparcar el coche		

(4)

2 TORTILLA ESPAÑOLA

Pon la letra adecuada en cada casilla para ordenar las instrucciones:

A	Dale la vuelta a la tortilla
B	Fríe la cebolla con las patatas
C	Bate los huevos
D	Corta la cebolla y las patatas
E	Sirve en un plato
F	Mételas en la sartén
G	Añade sal

1 Ejemplo
 D

2

3

4

5

6
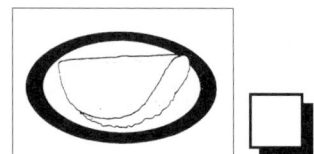

(5)

3

Oficina de Turismo de Torremolinos

¿Alguna vez ha pensado Vd en lo que son unas excelentes vacaciones?
Precio excepcional, buena comida, atracciones fantásticas y gente local acogedora es lo que compone unas vacaciones de ensueño.

Pon una ✘ en las **4** casillas más adecuadas.
Según este artículo un turista debe pensar que estas vacaciones son:

(a)	diferentes	
(b)	buenas para hacer amigos	
(c)	una ganga	
(d)	relajantes	
(e)	divertidas	
(f)	apetitosas	
(g)	sanas	
(h)	un desastre	(4)

4

Rellena los espacios con las palabras adecuadas.

Busco amigos
Tengo 15 años y soy estudiante en un instituto en Cuba. Hablo español e inglés. Me gustan la vela, el windsurf y la lectura.
EDUARDO YERA CP 50500 CUBA

acuáticos	alumno	de equipo
escribir	idiomas	leer países
profesor	quince	

Eduardo tiene .....*quince*.......... años. Es.......................... en un instituto en Cuba.

Tiene un buen conocimiento de dos .... Le gusta practicar deportes

.... y ....

(4)

Edexcel 1998

TASK 2

1 Amigos españoles.
¿Quién es?
Escoge la frase correcta para cada dibujo.
No se necesitan todas las frases.

Ejemplo	B

A   Lleva jersey.
B   Lleva pantalones cortos.
C   Tiene pelo largo y rubio.
D   Lleva gafas.
E   Tiene barba.
F   Tiene pelo largo.

1	

2	

3	

Escriba la letra correcta en cada casilla.

(3)

2 Estas personas quieren ir a una fiesta.
Busca a la persona que va a cada una de las fiestas.
No se necesitan todas las personas.

LAS PERSONAS

A Me gusta la idea de comer todo el fin de semana.

B Siete días de fiestas. ¡Qué bien!

C Dicen que los trajes son maravillosos. Quiero verlos.

D Me gustaría ver las construcciones gigantes que representan personalidades muy conocidas.

E Quiero aprender el baile tradicional de la capital.

F En mi opinión, los turistas son muy tímidos.

G Quiero ver a los toreros. Esta fiesta es para mí.

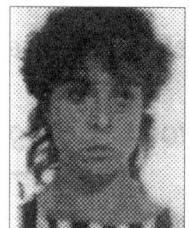

H Yo quiero ver a los Reyes de Navidad.

Escribe la letra correcta en cada casilla.

LAS FIESTAS

Ejemplo   Cadiz y Santa Cruz – Carnival
Estos carnavales son famosos por su diversión y sus disfraces fantásticos.   C

1   Pamplona – San Fermin
Durante esta fiesta muchos jóvenes españoles y muchísimos turistas corren por las calles de la ciudad delante de los toros hasta llegar a la plaza de toros. Por la tarde hay una corrida.

2   Valencia – Las Fallas
En las fallas se ven las figuras enormes de cartón basadas en personas famosas.

3   Sevilla – Feria
La feria de Sevilla es uno de los espectáculos más fascinantes de España.
Esta fiesta dura una semana.

4   Madrid – San Isidro
Ferias, conciertos de música pop y otros espectáculos tienen lugar en todas partes de la ciudad.
La gente se viste con trajes del siglo pasado para bailar el baile típico de Madrid – *el chotis*.

(4)
NEAB 1998

1 One of your friends has to go home early to the UK, and gets this leaflet from a travel agent.

Condiciones

- Billete válido 6 meses.
- Fecha de vuelta abierta o cerrada.
- Niños de   0 a 4 años GRATIS.
                4 a 12 años 50% reducción.
- Estudiantes, menores de 27 años
  y 3.ª Edad: 10% descuento.
- Equipaje: 2 maletas gratis por pasajero.

(a) What discount is available for students? (1)

(b) What are the arrangements for luggage? Give *full* details. (2)

2 While staying at an hotel, you and some friends decide to use the hotel tennis courts. Your friends ask you to explain the rules on the notice.

ATENCION

PARA JUGAR

- SOLO ZAPATILLAS DE TENIS

- EN LA PISTA DE TENIS SOLO LOS JUGADORES

- A LOS NIÑOS QUE NO SABEN JUGAR AL TENIS, NO ESTA PERMITIDO JUGAR EN LAS PISTAS.

  LAS PERSONAS QUE REALMENTE TIENEN INTERES EN PRACTICAR EL TENIS PUEDEN JUGAR EN LAS PISTAS.

  GRACIAS

(a) What does the notice tell you about footwear? (1)

(b) According to the notice, who is allowed onto the court at any one time? (1)

(c) What does it say about children? Give *full* details. (2)

3 You and your friends decide to hire bicycles for a couple of days, and the hotel receptionist gives you this leaflet. Your friends need some help.

"DISFRUTE DE LA BICICLETA COMO DISFRUTAS DE LA VIDA".

ALQUILER, VENTA Y TALLER ESPECIALIZADO.

ESPECIALISTAS EN MOUNTAIN BIKE.

ACCESORIOS DE REGALO EN COMPRAS SUPERIORES A 50.000 pts.

SERVICIO POSTVENTA GRATUITO A LA COMPRA DE UNA BICICLETA.

TAMBIEN COMPRAMOS SU BICICLETA VIEJA.

ORGANIZAMOS EXCURSIONES

PRECIO ESPECIAL PARA GRUPOS.

¡GRACIAS!

BICISPORT "LAS AMERICAS"

Palmeras del Sur, L-I Tlfno: 75 18 29
Junto C/C. San Eugenio

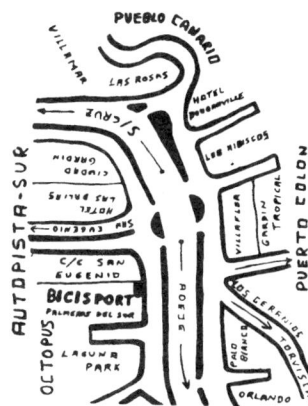

(a) What else does *Bicisport 'Las Americas'* offer in addition to bicycle hire? Give two details. (3)

(b) What do you get if you spend more than 50.000 pesetas? (1)

(c) What advantage will there be if you and your friends all hire bikes? (1)

4 In a Spanish magazine, you find this article entitled '*First Film for deaf people on TV3*'. Your friend does not understand fully and asks you for help with some details.

PRIMERA PELICULA PARA SORDOS EN TV3

El filme *Ghandi* será la primera película en TV3 con un sistema de teletexto; así las personas sordas podrán leer los diálogos mientras ven la película. Este avance tecnológico sigue al otro avance introducido hace varios días con la introduccion de un sistema dual que permite a los ciegos, y personas con problemas de los ojos, seguir las películas: además del diálogo de la película, pueden escuchar un comentario de las escenas (dado por un presentador). *Ghandi,* de **Richard Attenborough**, ganó ocho oscars en 1982. Está interpretada por **Ben Kingsley** y **Candice Bergen**. El líder indio, Ghandi, demostró a los ingleses cómo usar la paz en lugar de la violencia. Los ciegos pueden seguirlo, por fin, el martes que viene a las diecinueve horas.

(a) What is the TV3 channel going to do to help deaf people to enjoy films? Give *full* details. (1)

(b) When was similar help given to blind and visually handicapped people? (1)

(c) How exactly were blind or visually handicapped people enabled to enjoy films? Give *full* details. (2)

(d) When is the film due to be shown? Give *two* details. (2)

ULEAC 1993

TASK 4

1 En una estación quieres dejar tu maleta. ¿En qué dirección vas?

Entrada	**Andenes**	**Consigna**	**Servicios**
A ☐	B ☐	C ☐	D ☐ (1)

2 En el tren quieres beber algo. ¿En qué dirección vas?

Primera Clase	**Fumadores**	**No Fumadores**	**Refrescos**
A ☐	B ☐	C ☐	D ☐ (1)

3 En tu hotel quieres salir al patio ¿En qué dirección vas?

Ascensores	**Recepción**	**Comedor**	**Jardín**
A ☐	B ☐	C ☐	D ☐ (1)

4 Quieres comprar trucha. ¿En qué dirección vas?

| *Mercado* | *Pescadería* | *Panadería* | *Carnicería* |

A ☐   B ☐   C ☐   D ☐   (1)

5 Estás en una tienda de comestibles. ¿Cuánto cuesta el pescado?

PRECIOS

Huevos 120
Sardinas 140
Leche 90
Naranjas 80

A 120 ☐   **B** 140 ☐   **C** 90 ☐   **D** 80 ☐   (1)

6 Quieres tomar algo caliente en un café. ¿Cuánto cuesta?

BEBIDAS

cerveza 180
té   90
vino 220
Fanta de limón 85

A 180 ☐   **B** 90 ☐   **C** 220 ☐   **D** 85 ☐   (1)

7 Quieres nadar. ¿Qué dirección sigues?

| **Oficina de turismo** | **Ayuntamiento** | **Correos** | **Piscina** |

A ☐   B ☐   C ☐   D ☐   (1)

Examiner's tip You can see how important it is to learn the vocabulary that deals with places in a station or town, and items of food and drink.

TASK 5

¡Hola a todos!
Me llamo Teresa y aquí en la planta baja
hay un mini club muy divertido. El precio
es muy barato, sólo 125 ptas. por hora,
o 900 ptas. por dio.
Niños y niñas, preguntárselo a mamá y
papá; además tengo juegos y os diver-
tiréis mucho.
Trabajo aquí todos los dios.
Espero veros pronto.
Vuestra amiga,
Teresa.

(a) ¿Dónde está el 'mini club'?

.... (1)

(b) ¿Cuánto cuesta una hora en el 'mini club'?

.... (1)

(c) ¿Qué se puede hacer en el 'mini club'?

.... (1)

(d) ¿Cuándo trabaja Teresa?

.... (1)

NEAB 1997

Examiner's tip Another vocabulary test here. Do you know *despertarse* = 'to wake up'?

TASK 6 BOLSO DE TRABAJO
OFERTAS

Mecánico con experiencia se ofrece.
Teléfono
3 45 63 45   Pepe

Experta da clases de baile.
Llamar mañanas
Lulu 3 52 62 76

¿Te vas de vacaciones?
Yo cuido de tu caballo.
Llama a Conchi 2 34 62 34

Soy electricista y busco trabajo los domingos.
Teléfono Pancho 3 26 72 83

¿Tienes problemas con tu casa?
¿Vas a construir otra casa?
Doy consejo gratis.
Teléfono: 5867324 Elvira

Subraya la frase correcta.

1 Pepe quiere trabajar en un bar/en un taller/en campo.
2 Lulu es camarera/médica/profesora.
3 Conchi quiere trabajar con animales/en una fábrica/en la costa.
4 Pancho quiere trabajar por la mañana/por la tarde/los fines de semana.
5 Elvira es arquitecta/profesora/criada. (5)

Examiner's tip This question is testing more than your vocabulary. It requires you to tie two ideas together to work out the answer.

Mensaje 1

Rellena los espacios con las palabras de la casilla para dar el sentido del mensaje.

> Señora Vásquez
>
> Un compañero suyo telefoneó esta tarde a las 1600 para comunicarle que ha tenido una avería y que no puede recogerla a la hora prevista. Es mejor que Vd. tome un taxi y él la verá delante de las taquillas antes del comienzo de la película.

Hubo una .... esta tarde a las .... de un .... suyo. Dejó un .... Dijo que tiene problemas con su .... y por eso no le .... al .... Aconsejó que Vd. tomase otro .... de transporte.

medio	mañana	llevará	carta	recado	bicicleta	coche
cine	entradas	llamada	cuatro	amiga	amigo	

(8)

Examiner's tip This type of question is very common. You are required to read and understand the message, then study a text of the same message but set out using different words. Then you fill in the blanks from the box of words. Notice how important it is to know the gender of words. If the gap has *un* in front of it, you know the following word is going to be masculine singular.

Mensaje 2

Recibes esta postal.

> Saludos de un país bastante triste y lluvioso. Llevamos cuatro semanas aquí en Londres y no ha dejado de llover. Esperamos con impaciencia nuestra vuelta a España para ver el sol otra vez. Los niños han tenido gripe y un ladrón se ha llevado toda mi ropa.
> Hasta pronto
>   Jorge, Elena y familia

Rellena los espacios con las palabras de la casilla para dar el sentido del mensaje.

Jorge y su familia han pasado un .... en Inglaterra y el tiempo es .... Quieren .... a España porque echan de .... el buen tiempo. Los niños han estado .... y Jorge fue víctima de un ....

enfermos	enfermo	año	mes	nieve	regresar	Francia
menos	robo	bueno	malo			

(6)

Examiner's tip You need to know the expression *echar de menos* which means 'to miss'. Not to miss a train or a bus but to miss someone or something when it is not there.

TASK 9

La corrida de toros

Lee lo que dicen estas jóvenes sobre la corrida de toros.

Marta:

Yo creo que la corrida es una parte importante de la tradición española. Nosotros no criticamos lo que hacen los extranjeros en sus países. ¿Por qué los extranjeros no nos dejan en paz? Si no les gusta, pues ¡que no vengan a España!

Teresa:

Me gusta la manera francesa de hacer las corridas: es decir que no matan los toros. Los toreros pueden demostrar su valor sin herir al toro. Me parece un sistema más humano y deberíamos cambiar a su sistema.

Claudia:

Yo opino que la corrida es una cosa bárbara. Es una reliquia de siglos pasados. En España debemos modernizarnos y la mejor manera de hacerlo es prohibir la corrida.

Angustias:

A mí me da igual lo que dice la gente. Para mí la corrida es un aburrimiento y no voy nunca. Si a la gente le gusta ir, pues ¡que vaya! Es cuestión de opinión personal.

Elena:

Da tristeza pensar que es poco frecuente que una mujer sea torera. Ya sé que esto ocurre de vez en cuando pero normalmente la corrida está reservada para los hombres. Para mí esto es un escándalo y simboliza la injusticia de nuestra sociedad.

¿Quién dice qué? Pon una equis en las casillas correctas.

	Marta	Teresa	Claudia	Angustias	Elena
Dice que la cuestión no le interesa.	☐	☐	☐	☐	☐
Dice que hay que prohibir la corrida.	☐	☐	☐	☐	☐
Dice que la intervención de los extranjeros es inaceptable.	☐	☐	☐	☐	☐
Dice que la corrida debe existir en forma distinta.	☐	☐	☐	☐	☐
Dice que la corrida debe seguir como es.	☐	☐	☐	☐	☐
Dice que la corrida es algo sexista.	☐	☐	☐	☐	☐

(6)

TASK 10

El mundo internacional

Lee lo que opina Cristina sobre las naciones distintas.

Cristina: Mientras que trabajaba en Roma, conocí a gente de otras nacionalidades: españoles, franceses, alemanes, ingleses e italianos claro. Se nota que hay diferencias entre las naciones distintas.

Rosario: Sí, dime más.

Cristina: Pues los españoles son perezosas, hacen muy poco, duermen toda la tarde para luego salir hasta la madrugada por los bares. Nunca se emborrachan pero siempre lo pasan bomba. El dinero no les interesa. Si tienen dinero lo gastan en seguida. Si no tienen dinero pueden pasarlo bien sin dinero.

Rosario: Y ¿los franceses?

Cristina: Pues los franceses son distintos. Son más serios, menos abiertos. Salen poco. Si salen van a un restaurante y nunca están satisfechos de la comida. Nunca salen tarde y a las once quieren acostarse. No les gusta hacer amistades nuevas y ahorran todo su dinero.

Rosario: Y ¿ los alemanes?

Cristina: Los alemanes no tienen sentido del humor. La vida es algo muy seria y les cuesta contar chistes. No salen casi nunca y les gusta la comida alemana y nada más. Hablan todas las lenguas sin problema pero no les gusta hacer amistad con otras nacionalidades. La única excepción es los ingleses. Muestran mucha admiración por los ingleses. El dinero les es muy importante y ahorran su dinero para poder comprar coches elegantes.

Rosario: Y ¿los ingleses?

Cristina: Los ingleses son aficionados al fútbol, baloncesto, etc. No hablan de otra cosa, incluso las chicas. Siempre les gusta salir pero una cosa que no me gusta es que suelen beber demasiado y a veces se emborrachan. Les caen bien todas las nacionalidades salvo los alemanes y gastan todo su dinero saliendo y bebiendo.

Rosario: Y ¿los italianos?

Cristina: Los italianos pasan su tiempo pensando en las chicas y las italianos hacen igual con los chicos. Les gusta vestirse de manera elegante y les caen bien todas las nacionalidades. Les gusta la comida de todos los paises y gastan su dinero en ropa elegante y saliendo a ver películas italianas.

Los españoles

A los españoles no les gusta la idea de **1** .... Durante el día les gusta ir a la
2 .... y más tarde siempre quieren **3** .... hasta una hora muy **4** ....
Nunca beben **5** .... y no les importa si tienen **6** ....o no.   (6)

| cama | salir | dinero | demasiado | avanzada | trabajar |

Los franceses

Los franceses son poco **1** .... y les gusta **2** .... de la comida. Van a la cama muy **3** .... y no buscan **4** .... nuevos. Les gusta **5** .... en casa y **6** .... todo su dinero. (6)

| quejarse | quedarse | guardan | alegres | temprano | amigos |

Los alemanes

A los alemanes no le gusta la idea de **1** .... y les gustan los platos de su **2** .... nacionalidad. Aprenden **3** ....fácilmente y **4** .... les gustan los ingleses. Salen **5** .... y compran coches de **6** .... (6)

| idiomas | lujo | propia | bromear | sólo | raramente |

Los ingleses

A los ingleses les encanta el **1** .... y a las **2** .... les gusta también. Nunca se **3** .... en casa pero tienen un **4** .... y es que **5** .... demasiado. Están hartos de los **6** .... (6)

| alemanes | deporte | beben | defecto | quedan | chicas |

Los italianos

Los chicos demuestran gran **1** .... por las chicas y vice versa. Les gusta llevar **2** .... de moda. Comen los **3** .... de todos los países y **4** .... amistades fácilmente. Salen mucho al **5** .... pero sólo a ver películas en su propia **6** .... (6)

| cine | platos | ropa | interés | hacen | lengua |

Examiner's tip Here you have plenty of practice in gap-filling questions. You will find it very useful in preparing for your forthcoming exam.

Un año en Inglaterra

Estos jóvenes han pasado un año en Inglaterra.
¿Quién dice qué? Pon una equis en las casillas correctas

A   Rosalinda
Inglaterra es muy bonita. Me sorprendió lo verde que es. El paisaje no es
como en España. Con el clima que hay en Inglaterra no me extraña. No hay
sequías ni nada. Los ríos siempre están llenos. Sin embargo nunca se ve el sol
y el cielo nunca está azul. Después de un año francamente estaba harta de
Inglaterra.

B   Alvaro
Se dice que los ingleses son poco abiertos y que los españoles son lo
contrario. Esto no fue mi impresión después de un año allí. Los jóvenes allí
me llamaban cada día, me llevaban a sitios interesantes y nunca me aburría.
Ojalá pudiera volver a Inglaterra.

C   Reyes
Antes de ir a Inglaterra me encantaba la cocina española y había oído tantas
cosas malas sobre la cocina inglesa. Ahora he cambiado de idea. Los ingleses
ven la cocina como una forma de arte y les encantan los platos bien
preparados. Nosotros tenemos mucho que aprender.

D   Jaime
Los institutos allí son una pesadilla. Los alumnos llevan uniforme, tienen que
hablar con los profesores de manera muy formal e incluso no les dejan fumar
en el edificio. Ahora espero un año en un instituto español con ilusión.

E   Alejandro
De marcha no hay nada. Los bares cierran a las once y ¿sabes lo que hacen
los ingleses? Pues vuelven a casa y se acuestan. ¡A las doce de la noche!
Incluso cuando están de vacaciones. Incluso en verano. ¡Qué gente más rara!

F   Pepe
La manera de conducir es muy distinta. Los ingleses son siempre muy
corteses y siempre obedecen las reglas. Siempre usan el intermitente, nunca
se oye una bocina. Deberíamos circular como los ingleses.

	Ros.	Alvaro	Reyes	Jaime	Alej.	Pepe	Nadie
Dice que los ingleses conducen como locos.	☐	☐	☐	☐	☐	☐	☐
Dice que no le gusta Inglaterra.	☐	☐	☐	☐	☐	☐	☐
Dice que quiere regresar a Inglaterra.	☐	☐	☐	☐	☐	☐	☐
Dice que los conductores ingleses son mejores que los conductores españoles.	☐	☐	☐	☐	☐	☐	☐
Dice que a los ingleses les gusta salir muy tarde.	☐	☐	☐	☐	☐	☐	☐
Dice que los ingleses cocinan mejor que los españoles.	☐	☐	☐	☐	☐	☐	☐
Dice que los ingleses son muy amistosos.	☐	☐	☐	☐	☐	☐	☐
Dice que los profesores ingleses son menos severos que los de España.	☐	☐	☐	☐	☐	☐	☐
Dice que llueve más en Inglaterra.	☐	☐	☐	☐	☐	☐	☐
Dice que no se puede fumar en los institutos españoles.	☐	☐	☐	☐	☐	☐	☐

(10)

Letts

Q&A

Examiner's tip Some useful 'emotion' vocabulary here: *no me extraña* = 'I am not surprised', *harto* = 'fed up', *ojalá* = 'if only', *les encanta* = 'they love', *esperar con ilusión* = 'to look forward to'.

TASK 12 **Lee esta carta.**

Querida Luisa

Te escribo porque tengo muchos problemas en mi trabajo. Ya sabes que mi hija va a pasar un año en Inglaterra y como mi empresa necesita personal en Inglaterra decidí que sería una buena idea ir allá para trabajar. ¡Los hombres son tan sexistas! El lunes fui a ver a mi jefe y pedí trabajo como representante de la empresa en Inglaterra. ¿Sabes lo que dijo? ¡Dijo que no es trabajo de mujer! Dijo que no es posible que una mujer vaya sola al extranjero. Dijo que Inglaterra es un país peligroso.

Puedes imaginarte mi reacción. Expliqué que antes había trabajado en Inglaterra, que había pasado mucho tiempo allí y que nunca me sentí en peligro.

Su respuesta era igual: ¡nuestros representantes son hombres!

Ahora creo que voy a buscar trabajo en otra empresa. Hay otras muchas donde los jefes son menos sexistas. ¿Qué debo hacer Luisa?

Escribe pronto

                Teresa

	verdad	falso
1 Teresa quiere estar con su hija en Inglaterra.	☐	☐
2 El lunes Teresa empezó un nuevo trabajo.	☐	☐
3 Teresa no conoce Inglaterra.	☐	☐
4 El jefe dijo que sí a la petición de Teresa.	☐	☐
5 Ahora Teresa quiere cambiar de empresa.	☐	☐

(5)

Examiner's tip Another popular type of question is this 'true or false' exercise. Some Boards, e.g. NEAB, stipulate that in such questions you will have to choose from three possibilities and the third possibility may be *no se sabe* = 'you cannot tell'.

Bombera.

A Isabel Espinosa se le ocurrió la idea de hacerse bombero cuando vio en su ciudad el anuncio de plazas vacantes en el Servicio de Incendios. Tuvo que someterse a muchas pruebas. Sus amigos y la gente que se enteró de sus intenciones de hacerse bombero, al principio no la tomaron en serio y pensaban que todo era un juego de Isabel. Habla también gente que pensaba que no tenla derecho a presentarse a un trabajo de ese tipo porque le quitarla el puesto a un padre de familia que necesitase el dinero más que ella. Pero Isabel pensaba que ella tenla tanto derecho como cualquier otra persona.

Y ¿qué opinan sus compañeros, los bomberos, de que trabaje con ellos? "Algunos no me aceptaban al principio porque nunca habla habido una mujer en el cuerpo de bomberos, pero ahora somos todos iguales. Incluso hubo un señor mayor que me dijo que yo podría poner un poco de dulzura en la profesión.

Escoge la opinión correcta.

1 No pasará las pruebas físicas.

2 Los hombres necesitan el dinero más que ella.

3 Isabel está loca.

4 Esta profesión es demasiada peligrosa para una mujer.

5 La profesión será más femenina.

6 Al principio no nos gustó la idea de trabajar con una mujer.

7 Tengo tanto derecho como los otros.

Escribe el número correcto en cada casilla. **No se necesitan todas las opiniones.**

Ejemplo	Isabel.	7
	Los otros bomberos.	....
	Sus amigos.	....
	Otra gente.	....
	Un señor mayor.	....

(4)

NEAB 1997

Restaurante Valentino

Lee este menú.

Restaurante Valentino

SOPAS

A	sopa de pescado	540
B	sopa de fideos	420
C	sopa de la región	320

CARNES

D	pollo asado	920
E	chuleta de cerdo	1130
F	bistec	1200

PLATOS PRINCIPALES

G	bacalao	820
H	tortilla a la francesa	720
I	boquerones	800

POSTRES

J	queso de cabra	780
K	sandía	900

DE BEBER

L	vino	60
M	cerveza	170
N	agua mineral	140

Precios globales

Pon la letra correcta en las casillas.

1 Quieres la sopa más cara. ☐   5 Quieres mariscos. ☐

2 Quieres ave. ☐   6 Quieres fruta. ☐

3 Quieres carne pero no carne de vaca. ☐   7 Quieres un plato hecho de huevos. ☐

4 Quieres pescado. ☐   8 Quieres una bebida sin alcohol. ☐   (8)

> **Examiner's tip** Another question asking you to draw conclusions. Did you know that *aves* means 'poultry'?

TASK 15   **Incendios en semana santa**

Lee el artículo y estudia el mapa sobre los incendios forestales de Semana Santa y contesta a las preguntas en español.

ECOLOGÍA Galicia ha sido la comunidad más afectada por el fuego

Aviones de ICONA intervinieron en 50 incendios durante la Semana Santa

Aviones anfibios del Instituto para la Conservación de la Naturaleza (ICONA) intervinieron durante la Semana Santa en la extinción de más de medio centenar de incendios forestales.

MADRID (EFE)

Desde principios de año, el fuego ha arrasado cerca de 10.000 hectáreas y ha causado la muerte de tres personas, integrantes de una brigada que colaboraba el pasado viernes en la extinción de un incendio en la provincia de León. En la semana comprendida entre el 8 y el 16 de abril los medios aéreos de ICONA actuaron en 56 incendios forestales, de los que 45 se localizaron en Galicia, según datos de este organismo, dependiente del Ministerio de Agricultura, Pesca y Alimentación, facilitados a la agencia EFE.

GALICIA, A LA CABEZA

En la comunidad gallega, los efectivos aéreos del ICONA participaron en 19 fuegos declarados en la provincia de La Coruña, 17 en Orense, 7 en Pontevedra y dos en Lugo.

Asimismo, los aviones anfibios participaron en la extinción de cuatro fuegos en Asturias, dos en Baleares (Mallorca y Menorca), dos en Castilla-La Mancha (Guadalajara y Cuenca), dos en Castilla y León (Zamora) y otro en Tarragona.

En Galicia han llegado a actuar hasta tres aviones anfibios desde la base de Santiago de Compostela, que también ha servido para intervenir en varias ocasiones en Asturias.

Este tipo de aviones han participado también en las operaciones llevadas a cabo en Tarragona y Baleares desde la base de Reus (Tarragona), y en Guadalajara, Zamora y Cuenca, desde la base de Torrejón (Madrid).

Durante las operaciones de extinción realizadas la semana pasada, los anfibios del Instituto para la Conservación de la Naturaleza (ICONA) han totalizado más de 130 horas de vuelo.

Para combatir el fuego desde el aire, el Instituto para la Conservación de la

Naturaleza dispone para este año de 38 aviones y 20 helicópteros, entre flota propia y de nueva contratación, además de los aparatos militares que actuarán en caso de necesidad.

A estos medios aéreos hay que sumar los que cada comunidad autónoma española dispone en sus propios programas de cara a la lucha contra el fuego.

Recientemente, el director del ICONA, Fernando Estirado, alertó sobre el alto riesgo de incendios este año debido a la sequía y la escasez de precipitaciones, lo que podría provocar una catástrofe superior a la registrada el pasado año, en que los fuegos calcinaron más de 400.000 hectáreas y provocaron la muerte de 31 personas.

Incendios en Semana Santa

La Coruña 19, Asturias 2, Lugo 2, Orense 17, Pontevedra 2, Zamora 2, Guadalajara 1, Cuenca 1, Tarragona 1, Menorca, Mallorca — no. incendios

(a) ¿En qué región había más incendios?	
(b) ¿Qué hace ICONA exactamente?	
(c) Este año, ¿cuántas personas han muerto a causa de los incendios hasta ahora?	
(d) ¿De dónde despegaron los aviones gallegos?	
(e) ¿Cuánto tiempo han pasado los aviones en el aire?	
(f) ¿Quiénes ayudan ICONA a apagar los incendios?	
(g) ¿Por qué ha habido tantos incendios?	

(7)

SEG 1998

When travelling to Spain with your family, you encounter a problem at the airport. Your father is given the following document.

Estimado pasajero:

Por favor, acepte nuestras más sinceras excusas por no entregarle el equipaje a su llegada a destino. Esperamos que esta pérdida sea sólo temporal, y así estamos haciendo todo lo posible para hallarlo. Ya hemos procesado una descripción de su maleta y una computadora a nivel internacional está intentando encontrarla.

Esta búsqueda continúa durante 120 horas.

En el caso improbable de que, dentro de tres días no se hubiera descubierto, su ficha será enviada a la correspondiente Oficina Central de Equipajes, donde se continuará la búsqueda.

Por favor, tome nota de las horas y teléfonos indicados en este folleto; nuestro personal hará en todo momento lo posible por atenderle y se pondrá en contacto con usted tan pronto como su investigación haya tenido buen éxito.

Lamentamos de nuevo el incidente causado, reiterándole nuestras excusas por las molestias que hayamos podido ocasionarle.

(a) Why do the airport authorities apologize to the passenger? (2)
(b) What two facts indicate that the authorities are trying to resolve the problem? (4)
(c) What will happen if the matter has not been put right within three days? (3)
(d) What is the passenger asked to do? (3)
(e) When will the authorities be in contact with you again? (2)

NICCEA 1993

Examiner's tip Some key words of vocabulary in this question are *entregar* = 'to deliver', *el nivel* = 'level', *la búsqueda* = 'search', *la ficha* = 'form', *el folleto* = 'leaflet', *ocasionar* = 'to cause'.

Letts

Q&A

REVISION SUMMARY

If you need to revise this subject more thoroughly, see the relevant topics in the *Letts* GCSE *Spanish Study Guide.*

This is what you need to know about the exam.

● The questions will almost certainly be set in Spanish.

● There is an overlap in the questions between Foundation and Higher Tier. This means that the last question of Foundation Tier is the first question of Higher Tier.

● At Foundation Tier, your work will be mainly assessed on your ability to communicate. At Higher Tier, you need to be able to write accurate Spanish.

● You cannot get a Grade C or above unless you show that you can produce a variety of tenses.

● At Foundation Tier, you will have to do short tasks, e.g. write lists or messages. The overlap question will probably be a letter to write and the Higher Tier will either be a longer letter or an account.

● Most of the tasks below are accompanied by answers. Study them closely, then do some further practice with those tasks that do not have the answer printed: Tasks 5, 6, 11, 12, 17 and 18.

WRITING TASKS

FOUNDATION TIER

Vas a comprar comida y bebida. Haz una lista de cinco cosas que vas a comprar y las cinco tiendas en donde vas a comprarlas.

TASK 1

	Cosa	**Tienda**
Ejemplo	pan	panadería
----------------		----------------
----------------		----------------
----------------		----------------
----------------		----------------
----------------		----------------

ANSWER

	Cosa	**Tienda**
Ejemplo	pan	panadería
	pescado	pescadería
	carne	carnicería
	naranjas	mercado
	hortalizas	mercado (1)
	sardinas	tienda de ultramarinos

Examiner's commentary You have successfully found five different foodstuffs but in the *Tienda* column you have only found four. You have repeated *mercado* (1). Why not buy your vegetables in the *supermercado*? Even though it does not say in the instructions that you cannot do this, avoid repeating the same word.

Estás de vacaciones. Escribe una postal a tu amiga. Menciona estos puntos:
- el tiempo
- dónde estás
- tu hotel
- una compra
- una persona

Hola Esperanza

Aquí el tiempo (1) hace calor. Soy (2) en la Costa del Sol en un hotel de tres estrellas. Hay dos piscinas.(3) Ayer conocí a una persona interesante en la discoteca y esta tarde vamos al cine juntos.

Hasta pronto
    Edward

Examiner's commentary You have started and finished your card with the necessary formulae.
(1) When talking about the weather, you must say *hace calor. El tiempo* is not required.
(2) *Soy* is wrong. You should have said *estoy*. Anything to do with place or where things are is *estar*. (3) A grave error. You have missed a point out completely. Why not get into the habit of ticking them off as you tackle them?

Vas a participar en un intercambio. Rellena esta ficha.

Nombre ....   Apellido ....
Edad ....   años .... meses
Fecha de nacimiento ....
Animales en casa ....
Intereses. Me gusta ....   No me gusta ....
Comida. Me gusta ....   No me gusta ....
Firma ....

Nombre .Ian ....   Apellido ....Ray......
Edad ....15.....   años ....9..... meses
Fecha de nacimiento ....16/8/81...............
Animales en casa ....(1).......-------------.......
Intereses. Me gusta ...(2)...football ....   No me gusta ..(3)..cricket................
Comida. Me gusta .....pescado...................   No me gusta .....cebollas..................
Firma ......(4)...

Examiner's commentary You would have scored seven out of ten. It is fine to answer those questions about your age with figures rather than words. (1) Even if you do not have pets you must write something. Write *no tengo animales* rather than just a dash. (2) The Spanish spelling is *fútbol*. (3) Even though there is no other Spanish word for cricket, you have hardly impressed the examiner by choosing an English word. Why not say *cine*?

(4) You have left this blank probably because you did not understand the word *firma* or you thought it had something to do with firms. It means 'signature'.

TASK 4 Tu amiga española está durmiendo. Tienes que salir. Dejas un recado. Menciona estos puntos:
- adónde vas
- con quién
- lo que vas a hacer allí
- el medio de transporte
- tu hora de regreso

ANSWER Marta
He ido de compras al centro de la ciudad con mi amiga ingles (1). Voy (2) comprar regalos. Iremos en autobús. Volví (3) a las cinco horas (4).

Examiner's commentary You have covered all the points but there are a few grammatical errors. (1) You should have written *inglesa* if the friend you are going with is a girl.
(2) You need to say *voy a comprar* because *ir* is followed by *a* before the following infinitive.
(3) You have used a preterite here instead of a future. You should have written *volveré*.
(4) This is a very common mistake, particularly for those who study French. You should have written *a las cinco*.

TASK 5 Tu amigo español te ha invitado a ir a España. Escríbele una postal. Menciona estos puntos:
- da una respuesta negativa a la invitación
- da una razón
- di lo que vas a hacer durante el verano
- invítale a venir a Inglaterra
- dile cuándo puede venir

TASK 6 Un amigo os ha invitado a una fiesta. Deja un recado para tu amigo español. Menciona estos puntos:
- menciona la invitación para él y para ti
- menciona la hora y el lugar
- di qué ropa vas a llevar
- menciona otra cosa que tu amigo debe traer a la fiesta
- di dónde vais a encontraros

Letts
Q&A

This section deals with the overlap question on the exam paper which will be the last question on the Foundation Tier and the first question on the Higher Tier. There is a very strong chance that you will have to write a letter.

Escribe una carta de 100 palabras a tu nuevo amigo por carta presentándote. Menciona estos puntos:

- tu familia
- tu casa
- tus pasatiempos
- tu instituto
- un suceso reciente

Querido Pablo

¿Cómo estás? Gracias por tu carta que recibí esta mañana. Voy a describir a mi familia. Tengo dos hermanos, Paul y John. También tengo una hermana que se llama Antonia. Paul es mayor que yo. Tiene veinte años. John y Antonia son más jóvenes que yo. John tiene catorce años y Antonia tiene diez años.

Vivimos en una casa de dos pisos en un pequeño pueblo. Hay cuatro dormitorios y un jardín bonito.

Me gusta ver la tele y jugar al fútbol. Salgo al cine de vez en cuando.

Mi instituto es muy grande. Hay novecientos alumnos y cincuenta profesores. Mi asignatura favorita es el español.

Ayer fue el cumpleaños de mi padre así que fuimos a un restaurante a comer una cena especial.

Escribe pronto

Tom

Examiner's commentary This is 128 words, rather too long. You have 100 words to play with so limit yourself to 20 words per topic that you have to cover. What you wrote about your family was accurate but repetitious. You will not impress the examiner if you use the same verbs and structures over and over again. Also only in the last section did you use a tense which was not a present tense. The examiner will be looking for this. Why not describe your brother as follows:

Ayer Paul encontró trabajo en una fábrica. Está muy contento y dice que un día será ingeniero.

The examiner will see that you have used a preterite and a future tense and your marks will go up.

Vas de vacaciones a Barcelona. Escribe una carta de 100 palabras a la oficina de información y turismo de Barcelona. Menciona estos puntos:

- alojamiento
- clima
- cosas que hacer
- alquiler de coches
- información general

ANSWER

Estimado Señor

En el verano pasaré unos días con mi familia en Barcelona. ¿Puede Vd. mandarme información sobre los hoteles en la ciudad? ¿Puede Vd. recomendar un buen hotel?

¿Qué tiempo hace en Barcelona en el verano? ¿Hace fresco durante la noche? ¿Necesitaremos abrigos?

¿Qué hay que hacer en Barcelona? ¿Puede Vd. mandarme información sobre los espectáculos y los cines?

Mi padre quiere alquilar un coche ¿Es posible alquilar un coche en el aeropuerto?

También haga el favor de enviarme información sobre la ciudad en general, los monumentos, los sitios de interés y las playas.

Le saluda atentamente

Joanne Rogers

Examiner's commentary The letter is exactly 100 words and you have used the correct fomulae for starting and finishing the letter. There are no mistakes but there are some things you could improve on. There are no past tenses. Why not add *El año pasado visité España y hacía mucho frío*? You used *Puede Vd.* three times. You could have said *Quiere Vd.* and *Tenga la bondad de* to provide variety.

TASK 9

Escribe una carta a tu amiga española describiendo un día en tu instituto. Menciona estos puntos:

- transporte
- tu rutina
- tus asignaturas
- tu profesor(a) favorito(a)
- la hora de comer

ANSWER

Querida Luisa

¿Qué tal estás? ¿Y tu familia? Voy a describir un día en mi instituto. Me levanto a las siete y después de mi desayuno tomo el autobús al instituto. Llego sobre las ocho y cuarto. Tengo cuatro clases por la mañana: hoy por ejemplo tengo inglés, historia, geografía y arte. Por la tarde tengo dos clases más: matemáticas y química.

Mi profesora favorita es la profesora de geografía porque siempre está de buen humor.

Durante la hora de comer casi siempre vuelvo a casa a almorzar. Ayer por ejemplo volví a casa y eché una siesta. Muchos españoles lo hacen.

Escribe pronto

Carole

Examiner's commentary All the points are covered, the correct beginning and ending formulae have been used, the word count is about right, a preterite tense has been used and above all the Spanish is of a good standard. A very good answer.

Quieres pasar tus vacaciones en el Hotel Venecia. Escribe una carta al dueño mencionando estos puntos:
- cuántos sois
- las fechas de tu estancia
- las habitaciones que queréis
- facilidades de aparcamiento
- información sobre las facilidades en el hotel

ANSWER

Querido (1) Señor

Me llamo Angela Jones y te (2) escribo porque quiero reservar habitaciones para mi familia durante el verano. Hay cuatro de nosotros (3), mis padres, mi hermana y yo. Queremos dos habitaciones, una habitación doble con cama de matrimonio para mis padres y una habitación con dos camas individuales para mí y mi hermana. Llegaremos el dos de agosto y nos marcharemos el nueve de agosto.

Mi padre alquilaré (4) un coche. ¿Hay un aparcamiento en el hotel? ¿Es gratis? También haga el favor de mandarme información sobre el hotel y sus facilidades. ¿Hay una playa cerca del hotel? Tenga la bondad de contestar lo antes posible.

Adiós (5)

Angela Jones

Examiner's commentary (1) and (5) are incorrect ways of starting and finishing a formal letter. You should have written *Estimado Señor* and *Le saluda atentamente*. (2) In a formal letter, do not use *te*: you must use *le*. (3) This is not the way to say 'There are four of us'. You should have said *Somos cuatro*. (4) Wrong ending here. You should have written *alquilará*.

Escribe una carta de 100 palabras a tu amigo español. Incluye estos puntos:
- lo que hiciste el año pasado durante el verano
- tus planes para este verano
- invítale a venir a Inglaterra
- describe lo que vais a hacer juntos
- algo raro que ocurrió la semana pasada

TASK 11

Letts

Q&A

TASK 12

Te quedaste en un hotel en España y al volver a Inglaterra descubres que has dejado algo en tu habitación. Escribe una carta de 100 palabras al dueño. Menciona estos puntos:
- las fechas de tu estancia
- el número de la habitación
- una descripción de la cosa que dejaste
- dónde exactamente en la habitación dejaste la cosa
- lo que debe hacer si encuentra la cosa

HIGHER TIER

TASK 13

Estás en España y tienes un accidente de tráfico. Escribe un informe para la policía de 150 palabras sobre lo ocurrido.

Menciona:
- cómo ocurrió el accidente
- el tiempo en aquel momento
- los ocupantes de los vehículos
- lo que ocurrió después del accidente
- descripción de las heridas

ANSWER

El accidente ocurrió esta mañana a las diez y veinte cuando yo iba de compras con mi padre en el coche que habíamos alquilado en Madrid. En aquel momento llovía a cántaros y las calles estaban resbaladizas. De repente un camión se saltó un semáforo en rojo y chocó con nuestro coche. En nuestro coche estábamos yo y mi padre. En el camión había sólo una persona: el conductor. Tenía más o menos cincuenta años y era muy bajo y delgado. Al bajar del coche vi que mi padre no estaba herido. Yo tampoco. Pero el conductor del camión estaba herido. Sin perder un momento llamé a una ambulancia y la ambulancia llegó cinco minutos más tarde a pesar del embotellameinto enorme que el accidente había causado. El conductor del camión tenía el brazo roto pero no era nada grave. También se cortó la mano. Había sangre por todas partes.

Examiner's commentary A good range of past tenses here. There are imperfects, preterites and one pluperfect. Also there is a good use of vocabulary (e.g. *resbaladizo*) and some good time expressions (*de repente, sin perder un momento*). *Al bajar* is also a mark-winning expression. All points are covered and the word count is on target.

TASK 14

Acabas de pasar una semana en un hotel en España. Escribes una carta al dueño para quejarte porque las cosas no salieron bien. Menciona estos puntos:
- la comida
- las habitaciones - la ducha y los insectos
- el ruido
- lo que no funcionaba
- un incidente desagradable

ANSWER

Estimado Señor

(1) Le escribo para quejarme. (2) Acabo de pasar una semana en su hotel y puedo decirle que fue (3) una pesadilla.

Primero la comida. Era cara y estaba siempre fría. En dos ocasiones estuve enferma después de la comida. No había bastante pan y siempre teníamos que esperar mucho tiempo.

Las habitaciones que teníamos estaban sucias y eran pequeñas. (4) Había pedido habitaciones con baño pero no había ducha en mi habitación. El agua del grifo no estaba caliente. Debajo de la cama encontré insectos. (5) ¡Qué asco!

Durante la noche había mucho ruido. El bar del hotel estaba abierto hasta las dos de la (6) <u>madrugada</u> y la gente estaba borracha. Además por la mañana había mucho ruido del tráfico.

(7) <u>Según</u> su folleto hay aire acondicionado en el hotel pero no funcionaba así que teníamos mucho calor todo el tiempo.

La segunda noche de mi estancia un ladrón (8) <u>entró en mi habitación y robó</u> toda mi ropa.

Le saluda atentamente
Fionna Marshall

Examiner's commentary (1) 'I am writing to complain.' This sentence is worth learning off by heart. (2) 'I have just' = *acabo de* + inf. This is an excellent structure to use. (3) 'A nightmare': very useful vocabulary item. (4) 'I had asked for': impressive use of the pluperfect. (5) It is always a good idea to use a *qué* expression (e.g. *¡qué día!*) (6) This is another impressive vocabulary item meaning 'the early morning'. (7) *Según* means 'according to'. Again a very useful word to know.

Buscas trabajo en España. Escribe a una agencia pidiendo trabajo. Menciona estos puntos:
  – el tipo de trabajo que quieres hacer
  – cuándo quieres trabajar
  – el trabajo que hiciste el año pasado
  – las lenguas que hablas
  – lo que pasó durante tu última visita a España

TASK 15

Estimado Señor
    Soy inglesa y estoy buscando trabajo en España. Busco (1) cualquier cosa pero preferiblemente quiero trabajar en un hotel porque me gusta este tipo de trabajo. También me gustaría alojarme en el hotel.

ANSWER

    Quiero empezar el dos de junio y quiero volver a Inglaterra el primero de octubre porque tengo que empezar a trabajar en una tienda.

    El año pasado (2) fui a España a trabajar. Fui a Madrid y (2) trabajé en un hotel. El trabajo era duro pero me gustaba y (2) conocí a mucha gente interesante. La mayoría del tiempo (3) trabajaba en el bar del hotel y (2) recibí muchas propinas. Si es posible me (4) gustaría hacer lo mismo este año.

    Estudio el español desde hace cuatro años y he visitado España tres veces así que hablo español. También hablo un poco de francés.

    Cuando estuve en España el año pasado un ladrón (2) robó todo mi dinero. Este año (5) pondré mi dinero en el banco.

Le saluda atentamente
Cristina Wade

Examiner's commentary This answer shows a good use of tense and vocabulary. (1) means 'anything' and is impressive vocabulary. (2) is good use of the preterite tense and (3) is good use of the imperfect. (4) is a conditional and (5) is a future tense.

TASK 16

Tus padres quieren alquilar tu casa. Una agencia en España quiere una descripción de tu casa. Escribe una descripción de 150 palabras mencionando estos puntos:
- las habitaciones
- los electrodomésticos
- el jardín
- los vecinos
- algo que ocurrió recientemente cerca de tu casa

ANSWER

Estimado Señor

He aquí una descripción de mi casa. Es una casa de dos pisos que se encuentra a tres kilómetros del centro de la ciudad. En la planta baja hay una cocina moderna, un vestíbulo, una sala de estar y un comedor. En el primer piso hay tres dormitorios, uno grande y los otros bastante pequeños. También hay dos cuartos de baño.

En la cocina hay una nevera, un lavaplatos, un congelador y por toda la casa encontrarán todos los electrodomésticos normales, planchas, una ducha eléctrica y una aspiradora.

Detrás de la casa hay un jardín bonito con plantas, flores y muchos árboles. Hay una mesa y sillas en el jardín y en el verano se puede comer y hacer barbacoas en el jardín.

Nuestros vecinos son todos muy simpáticos y les ayudarán si hay el menor problema. Una vecina viene todos los días a limpiar la casa.

Recientemente abrieron un polideportivo cerca de la casa y será muy útil los días de lluvia.

Examiner's commentary In this kind of descriptive question it is difficult to introduce a variety of tenses. This answer has managed to offer one preterite and three future tenses. You should try to engineer more past tenses in your answer, e.g. *Recientemente mi padre compró una nevera nueva. Un vecino me dijo que le gustaría conocer a los españoles.*

Similarly in this type of question it is easy to use *hay* too much. It is used six times. You could vary by using *tenemos, se encuentra, hemos plantado, hemos puesto,* etc.

TASK 17

¡Un camping fatal!

Lo pasaste muy mal en este camping. Escribe una carta de unas 150 palabras a la Oficina de Turismo para quejarte.

Menciona:
- los problemas que tuviste en general
- lo que hiciste para resolver los problemas
- algo catastrófico que te pasó
- en tu opinión, cómo el camping puede mejorarse.

> **CAMPING COSTA HERMOSA**
> **Camping de Lujo**
> Playa Blanca, San Pedro del Pinatar
> ¡Disfrute de la tranquilidad aquí!
> A 5 minutos de unas playas limpias y protegidas
> Muchos árboles y abundante sombra
> Instalaciones modernas
> Piscina y sitios para practicar deporte
> Supermercado, restaurante y bares
> Personal amable
> Precios interesantes

(20)
Edexcel 1998

TASK 18

Ves este concurso en un periódico español y decides participar. Escribe unas **120 palabras** en español. **GRAN CONCURSO PARA ESTUDIANTES DEL ESPAÑOL**

Para ganar un premio. Escribe un artículo para este periódico sobre

« *Yo, ¿un típico joven de mi país?* »

En tu artículo puedes mencionar estos cuatro temas:
- la vida familiar – tus relaciones con la familia
- la vida social – tus actividades y experiencias con tus amigos
- el colegio – lo que te gusta o no te gusta
- tus proyectos para el porvenir.

Y no olvides incluir
- tus opiniones sobre todas estas cosas
- las razones por estas opiniones.

¡MUY BUENA SUERTE!

(16) *SEG 1998*

SPEAKING – FOUNDATION AND HIGHER TIERS

*Instructions to candidates. Preparation time allowed: **15 minutes**.*
Foundation Tier: attempt Role Plays 1 and 2; Higher Tier: attempt Role Plays 2 and 3
You may use a bi-lingual dictionary in the preparation period before the exam.

Role Play 1

You phone a restaurant to book a table. Your teacher will play the part of the waiter.

1 Say you would like to book a table for four people.

2 Say it is for Tuesday.

3. Say you would like the table for eight o'clock.

4 Say you want a table near the window.

5 Find out where you can park

Role Play 2

You see an advert for work looking after children in Spain. You phone the number given in the advertisement. Your teacher will play the part of the employer.

1 Di tu nombre y por qué llamas
2 Dil cuántos hermanos tienes.
3 Dile qué lenguas hablas.
4 Describe tu experiencia trabajando con niños.
5 Contesta a la pregunta.

Role Play 3

The notes below give an outline of your touring holiday in Spain. Tell your teacher what happened.

OVIEDO

• entrada en España
• cola larga en la frontera

• restaurante magnífico
• excursión de pesca
• fin de las vacaciones
• compra de regalo

ZARAGOZA

• visita a la catedral
• los monumentos
• descripción del hotel

MADRID

• gente simpática
• mucho tráfico
• un robo

VALENCIA

• playas maravillosas
• una fiesta
• avería

SEVILLA

• encuentro con un amigo
• un partido de fútbol
• un incidente

WRITING – FOUNDATION AND HIGHER TIERS

*Instructions to candidates. Time allowed: **50 minutes**.*
Foundation Tier candidates attempt questions 1, 2 and 3; Higher Tier candidates attempt questions 3 and 4.

1 Haz una lista de las cosas en tu dormitorio.

   Ejemplo: la alfombra

   1. .... 2 .... 3 .... 4 .... 5 ....

   Ahora haz una lista de las cosas en tu sala de estar.

   Ejemplo: la televisión

   6. .... 7 .... 8 .... 9 .... 10 ....   (10)

2 Estás de vacaciones. Escribe una postal a tu amigo.
   Menciona:
   - con quién estás
   - dónde estás
   - lo que haces
   - el tiempo
   - la fecha de tu vuelta a casa.   (10)

3 Escribe una carta de 100 palabras a tu amiga española.
   Menciona:
   - tu casa nueva
   - los vecinos
   - un amigo nuevo
   - la piscina cercana
   - tu instituto nuevo.   (20)

4 Durante tus vacaciones en España viste un accidente. Tienes que escribir un reportaje de 150 palabras para la policía. Menciona estos puntos:
   - dónde ocurrió el accidente
   - lo que hacías
   - el accidente mismo
   - las heridas
   - lo que ocurrió después   (30)

READING – FOUNDATION AND HIGHER TIERS

*Instructions to candidates. Time allowed: **50 minutes**.*
Foundation Tier candidates: attempt sections 1 and 2; Higher Tier candidates: attempt sections 2 and 3. You may use a dictionary throughout.

Section 1
Exercise 1

Read the following signs.

1 You want to park your car. Which sign do you follow?

   A Supermercado   B Aparcamiento   C Instituto   D Gasolinera   (1)

2 You want to buy some meat. Which sign do you follow?

   A Carnicería   B Ayuntamiento   C Panadería   D Centro de la ciudad   (1)

3 You want to find the town hall Which sign do you follow?

   A Hospital   B Albergue juvenil   C Ayuntamiento   D Estación   (1)

4 You want to buy a newspaper. Which sign should you follow?

A Periódicos   B Gasolina   C Museo   D Zapatería   (1)

5 You want to buy some fish. Which sign should you follow?

A Panadería   B Carnicería   C Pescadería   D Farmacia   (1)

Ejercicio 2

Mira el menú.

EL TULIPAN	
sopa de pescado	400
pollo con patatas	700
bistec con patatas	750
huevos fritos	300
ensalada	450
queso	250
cerveza	200
café con leche	150

POR FAVOR ES PROHIBIDO FUMAR

¿Verdad o mentira? Pon una señal (✖) en la casilla correcta.

	verdad	mentira

6 cuesta 700 pesetas .... (1)

7 cuesta 350 pesetas .... (1)

8 cuesta 250 pesetas .... (1)

9 cuesta 200 pesetas .... (1)

10 *Prohibido fumar* quiere decir

A   B   C   D   (1)

Ejercicio 3

Lee estas opiniones

Laura   Me gusta pintar. Paso todo el día haciendo cuadros. Es una actividad estupenda y mi madre dice que lo hago muy bien.

Angela   Recibí un ordenador el día de mi cumpleaños. Antes me gustaba el boxeo pero ahora he cambiado de idea. Hago juegos y escribo programas

Luis   No hago nunca mis deberes. Es una pérdida de tiempo. Cuando vuelvo a casa veo la tele y nada más.

Rafael   Mi novia me ha comprado patines y este regalo ha sido el mejor de mi vida. Ahora voy a patinar casi todos los días.

Miguel   A mis hermanos les gusta el fútbol pero yo prefiero la natación . Voy a la piscina cuando tengo dinero.

¿Qué les gusta hacer? Pon la letra correcta en la casilla.

A   B   C   D   E   F

11 Laura ☐   **12** Angela ☐   **13** Luis ☐   **14** Rafael ☐   **15** Miguel ☐   (5)

Ejercicio 4

Lee este artículo

Todos mis amigos quieren trabajar en puestos importantes y hacer mucho dinero. Yo no. He visto programas en la tele sobre los pobres de Africa y quiero ir a ayudar a esta gente. He estudiado medicina y aunque no soy experta puedo ayudar a los enfermos.
Pasaré toda mi vida en este trabajo.

José

Subraya la palabra adecuada

16 José habla de	un pasatiempo/su futuro/una persona especial	(1)
17 Los amigos de José son	pobres/ricos/ ambiciosos	(1)
18 José quiere trabajar con	gente con dinero/gente sin dinero/españoles	(1)
19 José quiere trabajar curando a gente	enferma/construyendo casas/dando consejos	(1)
20 José trabajará en Africa	un rato/unos años/para siempre	(1)

Section 2
Ejercicio 1

Lee esta carta.

> Hola Ignacio:
>
> Te escribo porque el sol esta brillando así que vamos a quedarnos siete días mas. El hotel aquí es excelente pero no nos gusta la comida británica. Afortunadamente hemos encontrado un restaurante español. Ayer encontré a Juana Lopez, mi sobrino que está aquí de vacaciones también con su esposo Miguel y su hija Clara. Juana espera a su segundo hijo al fin del año. Clara no está contenta porque echa de menos a sus amigas en España. Por la tarde fuimos al cine juntos luego fuimos a comer calamares.
>
> Hasta pronto
>
> José

Rellena los espacios con las palabras de la casilla para dar el sentido de la carta.

En Inglaterra hace. **1** .... tiempo y José va a pasar una. **2** .... más allí. Le

gusta su. **3** .... en Inglaterra pero no le gusta la comida. Prefiere los platos.

4 .... Ayer encontró a una **5** .... El **6** .... de Juana se llama

Miguel y tienen una hija **7** .... Juana está **8** .... Fueron a ver una **9**

.... y luego fueron a comer **10** ....   (10)

película   mariscos marido   unica buen alojamiento semana españoles   pariente embarazada mal esposa

Ejercicio 2

Lee estos anuncios

Madres. Yo cuido ninos. Soy experta y soy barata. Llámame. Teresea 7688723

Juan. Vuelve por favor. Te echo de menos. Los niños están llorando. Llama a tu esposa, Laura

Busco sellos de Australia. Pago al contado. Jerónimo 2345321

Don Pablo Carrasco se ha muerto hoy en un accidente de tráfico. El entierro tendrá lugar el jueves.

Ofrezco un piso en la costa blanca para el mes de agosto. Muy barato. Llama a Pepe.7653487

Escribe la letra correcta.

A Teresa   B Laura   C Jerónimo   D Pablo   E Pepe

11 ¿Quién busca trabajo? ☐ **12** ¿Quién es colecionista? ☐ **13** ¿Quién tiene propiedad? ☐

14 ¿Quién busca a su marido? ☐   **15** ¿Quién fue matado? ☐ (5)

Ejercicio 3

Trabaja en Argentina como ingeniero
- sueldo magnífico
- apartamento gratis
- 40 horas semanales
- su propio coche
- posibilidades de viajar
- muchos puestos
- no aceptamos personas casadas
- para hombres de 20-30 anos de edad

Lee este anuncio
Pon una equis en cinco de las casillas.

a) hay que ser soltero ☐

b) hay muchos trabajos ☐

c) no ofrecen transporte ☐

d) pagan muy mal ☐

e) pagan muy bien ☐   **f)** ofrecen alojamiento ☐

g) Se queda en Buenos Aires ☐   **h)** para menores de 31 anos ☐

i) hay que hacer horas suplementarias ☐   (5)

Section 3
Ejercicio 1

MADRID
EXCURSION ESTUPENDA EN AUTOCAR
24 HORAS EN LA CAPITAL DE ESPANA.
PROGRAMA
0700 recogida en la plaza mayor y salida
0930 llegada a Madrid y vuelta de la ciudad en autocar
1000 tiempo libre para visitar los monumentos
1300 almuerzo en el restaurante Cosmos: incluido en el precio
1800 visita al teatro
2000 cena: incluido en el precio
2200 viaje de regreso
0030 vuelta aquí

1 ¿De dónde sale el autocar? .... (1)

2 ¿Cuanto tiempo dura el viaje a Madrid? .... (1)

3 ¿Que se puede hacer a las diez? .... (1)

4 ¿Que se ofrece gratis a mediodia? .... (1)

5 ¿Que se ofrece gratis por la tarde? .... (1)

Ejercicio 2

Lee esta carta

> *14 de marzo*
>
> *Querido John:*
> *Escribo porque quiero invitarte a venir a España en el mes de agosto. Aquí en Alicante tenemos un clima estupendo y por la tarde y por la noche siempre hay cosas de interes - discotecas bares clubs etc. Desde tu visita hace dos meses mi hermana no deja de hablar de ti. No te ha escrito porque es muy tímida pero espera con ilusión tu visita en agosto.*
> *Hasta pronto*
> *Alvaro*

Empareja un número con una letra para hacer frases completas.

6 Alvaro quiere que John vaya a Espana ☐

7 En Alicante siempre ☐   **8** A Alvaro le gusta ☐

9 John visitó a Alvaro ☐   **10** La hermana de Alvaro ☐

a) hace buen tiempo   **b)** salir por la tarde   **c)** en el verano

d) tiene ganas de ver a John   **e)** en enero   (5)

Ejercicio 3

Lee estas declaraciones y pon el nombre de la persona correcta en el espacio.

Rocío Por aquí hay mucho desempleo y los granjeros no necesitan empleados: el trabajo se hace hoy con máquinas. Yo voy a buscar trabajo donde haya más gente, más ambiente, más ruido y tráfico.

Pablo El país entero es un desastre. Sí, tenemos buen clima pero no hay trabajo. No se puede vivir con sol y nada más. Voy a visitar otros países donde las cosas van mejor.

Carlos En mi instituto los profesores dicen que no sé hacer nada. Se equivocan. Cuando mi padre tiene problemas con los frenos o con el motor o con cualquier parte del coche soy yo que lo arreglo. Este es el tipo de trabjo que quiero.

Reyes No sé exactamente lo que voy a hacer pero lo que me gustaría es evitar la hora punta y todos los problemas de viajar a su sitio de trabajo. Con mi ordenador y módem conectado a la línea telefónica puedo trabajar como si estuviese en una oficina.

Maria He visto un programa en la tele sobre los dramas que pasan cuando un grupo de extranjeros se aloja en un hotel en España. Siempre hay algo de interés, siempre hay problemas que hay que soluccionar.Me gustaría hacer este tipo de trabajo.

11 Esta persona quiere trabajar en el extranjero .... (1)

12 Esta persona quiere trabajar en una ciudad .... (1)

Letts

Q&A

13 Esta persona quiere trabajar en turismo .... (1)

14 Esta persona quiere trabajar en casa .... (1)

15 Esta persona quiere trabajar como mecánico .... (1)

Exercise 4

Answer each question by ticking the appropriate box.

Nacho Los aficionados a la selección nacional se emborrachan antes del partido luego en vez de mirar el partido buscan peleas con los aficionados al equipo contrario. Me da vergüenza decir que soy aficionado al fútbol.

Isabel Los jugadores ganan una fortuna. Su trabajo dura una hora y media pero siempre se quejan, siempre quieren más dinero. Me siento tan enfadado cuando veo a esos jugadores.

Elena Me fascina ver la destreza de estos jugadores. Me siento tan orgullosa de nuestra selección nacional sobre todo cuando ganan.

Alejandro Los jugadores no se dan cuenta de que el fútbol es un arte y no hace falta usar tácticas que son peligrosas para el otro equipo. Hay ciertos futbolistas que siempre tienen la intención de herir a sus adversarios y esto me da asco.

Rafael Los tres últimos partidos han terminado empate a cero. No comprendo porque la gente paga tanto dinero para ver partidos que no tienen interés. Yo me aburro cuando veo la selección nacional.

16 Which person feels disgusted?

Nacho ☐ Isabel ☐ Elena ☐ Alejandro ☐ Rafael ☐ (1)

17 Which person feels bored?

Nacho ☐ Isabel ☐ Elena ☐ Alejandro ☐ Rafael ☐ (1)

18 Which person feels ashamed?

Nacho ☐ Isabel ☐ Elena ☐ Alejandro ☐ Rafael ☐ (1)

19 Which person feels proud?

Nacho ☐ Isabel ☐ Elena ☐ Alejandro ☐ Rafael ☐ (1)

20 Which person feels angry?

Nacho ☐ Isabel ☐ Elena ☐ Alejandro ☐ Rafael ☐ (1)

This section provides answers for the Listening and Reading exercises in this book.

LISTENING ANSWERS

Task	Answer	Mark
1	**1** She wants my name.	(1)
	2 (i) How many of us are there.	
	(ii) How many nights will we stay.	
	(iii) If we have a tent.	(3)
	3 (i) Swimming pool.	
	(ii) Showers.	
	(iii) Toilets.	(3)
	4 (a) Passport.	(1)
	(b) Tomorrow.	(1)
	5 (a) Our pitch is opposite the phones.	(1)
	(b) 50.	(1)

2

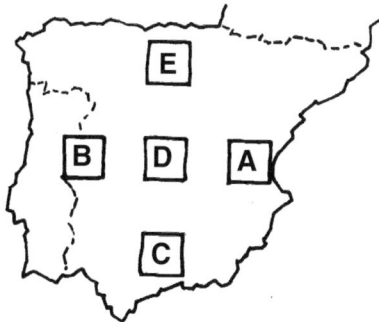

(5)

3   **1.** f   **2.** f   **3.** v   **4.** f   **5.** f   **6.** v   **7.** v   **8.** v   **9.** f   **10.** f   (10)

4   **1.** B   **2.** C   **3.** D   **4.** C   **5.** A   **6.** B   **7.** D   **8.** A   **9.** B.   **10.** C   (10)

5   **1.** C   **2.** C   **3.** D   **4.** B   **5.** C   (5)

Listening answers

Task	Answer	Mark
6	Nombre ....Alfonso........................... Apellido ....Gabarda........................ Dirección ....Calle Sol 22.................... .... Teléfono ....4 18 35 46.............................. Objeto perdido ....chaqueta...................... Descripción del objeto perdido...................... ....cuero negro.................... Otra(s) cosa(s) perdida(s) ...20.000 pesetas.. .... Lugar de la pérdida ....Plaza Mayor.............. Hora de la pérdida ....10.15........................	(10)

7

	necesita	no necesita
apellido	☐	☑
edad	☐	☑
nacionalidad	☑	☐
dirección	☑	☐
fecha de nacimiento	☑	☐
número de teléfono	☐	☑
síntomas	☑	☐

(7)

8

	Idea	Sí o No	Razón	
Ejemplo	concierto	no	muy lejos	
	cine	no	caro	
	visitar a Pepe	sí	simpatíco	
	ver la tele	no	programas malos	
	discoteca	sí	les encanta bailar	(8)

9   **1.** f   **2.** f   **3.** v   **4.** f   **5.** v   **6.** v   (6)

10   Pepe (D)   Fernando (A)   Augustín (C)   Alonso (E)   José (B)   (5)

11   **1.** I   **2.** D   **3.** F   **4.** C   **5.** E   (5)

Task	Answer											Mark

12

	lunes		martes		miércoles		jueves		viernes	
	mañana	tarde	mañana	tarde	mañana	tarde	mañana	tarde	mañana	tarde
Deporte	☐	☐	☐	✓	☐	☐	☐	☐	✓	☐
Tiempo libre	☐	☐	✓	☐	✓	☐	☐	☐	☐	☐
Música	☐	☐	☐	☐	☐	✓	☐	☐	☐	✓
Excursiones	✓	✓	☐	☐	☐	☐	✓	✓	☐	☐

(10)

13

1	Swimming.	6	Boat.
2	Tin-opener.	7	Motorbike.
3	Matches.	8	Cooking.
4	Computer.	9	Fishing rod.
5	Play cards.	10	Guitar.

(10)

14

Un líder estadounidense visita Gran Bretaña.

Un asesinato en la capital de España.

Buenas noticias para los habitantes de un pueblo en el sur.

El mal tiempo provoca una situación grave.

Un accidente ferroviario provoca dos muertos.

(5)

15

	Country	Reason for liking that country	Job	
David	France	food	engineer	
María	England	climate	child-carer	
Rafael	USA	people	cook	(9)

16   1. f   2. f   3. v   4. v   5. v   6. f   (6)

17

Student 1	C H	(2)
Student 2	A I	(2)
Student 3	E L	(2)
Student 4	F J	(2)
Student 5	B G	(2)

Letts

Q&A

READING ANSWERS

Task	Answer	Mark
1	**1** (**a**) falsa (**b**) falsa (**c**) verdadera (**d**) verdadera	(4)
	2 **2** F **3** C **4** B **5** A **6** E	(5)
	3 C F E B	(4)
	4 professor idiomas acuáticos leer	(4)
2	**1** **1** E **2** F **3** D	(3)
	2 **1** G **2** D **3** B **4** E	(4)
3	**1** (**a**) 10%.	(1)
	(**b**) Two suitcases free per traveller.	(2)
	2 (**a**) You can only wear tennis shoes.	(1)
	(**b**) Only the players.	(1)
	(**c**) Children who can't play tennis are not allowed on the courts.	(2)
	3 (**a**) They sell and repair bicycles.	(3)
	(**b**) Free accessories.	(1)
	(**c**) A reduction.	(1)
	4 (**a**) Introduce teletext.	(1)
	(**b**) A few days ago.	(1)
	(**c**) In addition to the normal film dialogue there is a commentary.	(2)
	(**d**) Next Tuesday at 19.00.	(2)
4	**1** C **2** D **3** D **4** B **5** B **6** B **7** D	(7)
5	(**a**) En la planta baja	(1)
	(**b**) 125 ptas	(1)
	(**c**) Se puede hacer juegos	(1)
	(**d**) Todos los días	(1)
6	**1** Pepe quiere trabajar en un taller.	
	2 Lulu es profesora.	
	3 Conchi quiere trabajar con animales.	
	4 Pancho quiere trabajar los fines de semana.	
	5 Elvira es arquitecta.	(5)

Letts
Q&A

Task	Answer	Mark
7	llamada cuatro amigo recado coche llevará cine medio	(8)
8	mes malo regresar menos enfermos robo	(6)

9

(6)

	Marta	Teresa	Claudia	Angustias	Elena
Dice que la cuestión no le interesa.	☐	☐	☐	☒	☐
Dice que hay que prohibir la corrida.	☐	☐	☒	☐	☐
Dice que la intervención de los extranjeros es inaceptable.	☒	☐	☐	☐	☐
Dice que la corrida debe existir en forma distinta.	☐	☒	☐	☐	☐
Dice que la corrida debe seguir como es.	☒	☐	☐	☒	☐
Dice que la corrida es algo sexista.	☐	☐	☐	☐	☒

10

Los españoles
1 trabajar   2 cama   3 salir   4 avanzada   5 demasiado   6 dinero

Los franceses
1 alegres   2 quejarse   3 temprano   4 amigos   5 quedarse   6 guardan

Los alemanes
1 bromear   2 propia   3 idiomas   4 sólo   5 raramente   6 lujo

Los ingleses
1 deporte   2 chicas   3 quedan   4 defecto   5 beben   6 alemanes

Los italianos
1 interés   2 ropa   3 platos   4 hacen   5 cine   6 lengua

(30)

11

	Ros.	Alvaro	Reyes	Jaime	Alej.	Pepe	Nadie
Dice que los ingleses conducen como locos.	☐	☐	☐	☐	☐	☐	☒
Dice que no le gusta Inglaterra.	☒	☐	☐	☐	☐	☐	☐
Dice que quiere regresar a Inglaterra.	☐	☒	☐	☐	☐	☐	☐
Dice que los conductores ingleses son mejores que los conductores españoles.	☐	☐	☐	☐	☐	☒	☐
Dice que a los ingleses les gusta salir muy tarde.	☐	☐	☐	☐	☐	☐	☒
Dice que los ingleses cocinan mejor que los españoles.	☐	☐	☒	☐	☐	☐	☐
Dice que los ingleses son muy amistosos.	☐	☒	☐	☐	☐	☐	☐
Dice que los profesores ingleses son menos severos que los de España.	☐	☐	☐	☐	☐	☐	☒
Dice que llueve más en Inglaterra.	☒	☐	☐	☐	☐	☐	☐
Dice que no se puede fumar en los institutos españoles.	☐	☐	☐	☐	☐	☐	☒

(10)

Reading answers

Task	Answer	Mark
12	**1.** v **2.** f **3.** f **4.** f **5.** v	(5)
13	Los otros bomberos: 6	(1)
	Sus amigos: 3	(1)
	Otra gente: 2	(1)
	Un señor mayor: 5	(1)
14	**1.** A **2.** D **3.** D, E **4.** G, I **5.** X **6.** K **7.** H **8.** N	(8)
15	**(a)** Galicia	(1)
	(b) Apagan incendios usanda aviones.	(1)
	(c) 3	(1)
	(d) Santiago de Compostela.	(1)
	(e) 130	(1)
	(f) Los militares y cada comunidad.	(1)
	(g) Por la sequía y la falta precipitaciones.	(1)
16	**(a)** Not delivering luggage on arriving at destination.	(2)
	(b) They have a description of the luggage and they are searching by computer world-wide.	(4)
	(c) The information will be relayed to the Central Luggage Office and the search will continue.	(3)
	(d) Make a note of times and phone numbers in this brochure.	(3)
	(e) As soon as the search has been successful.	(2)

MOCK EXAMINATION PAPER ANSWERS

Task	Answer	Mark

Speaking

Role Play 1

Teacher: Diga.
You: Quiero reservar una mesa para cuatro.
Teacher: ¿Para cuándo?
You: El martes.
Teacher: ¿A qué hora?
You: A las ocho.
Teacher: Muy bien.
You: Quiero una mesa cerca de la ventana.
Teacher: Vale.
You: ¿Dónde puedo aparcar el coche?
Teacher: Delante del restaurante.

Role Play 2

Teacher: Diga
You: Buenas tardes. Me llamo John Smith y quiero trabajar con sus hijos.
Teacher: ¿Tienes hermanos?
You: Tengo dos hermanos y dos hermanas.
Teacher: ¿Qué lenguas hablas?
You: Hablo español, inglés y un poco de francés.
Teacher: ¿Te gustan los niños?
You: Trabajé con niños el año pasado en una escuela.
Teacher: ¿Cuándo puedes empezar?
You: El dos de agosto.

Role Play 3

Por fin entramos en España y encontramos colas largas en la frontera. El sol brillaba y estábamos contentos. Fuimos a Zaragoza y visitamos la catedral. Después fuimos a ver los monumentos. Nos alojamos en un hotel magnífico con jardines y dos piscinas.

Después de dos días fuimos a Madid. Conocimos a gente muy simpática pero no me gustaba el tráfico y había mucho ruido. Vimos a un ladrón en la plaza mayor. Robó dinero a un anciano. Dos días más tarde viajamos a Valencia. Las playas eran magníficas y había una fiesta estupenda en la ciudad. Desafortunadamente tuvimos un pinchazo pero mi padre lo reparó. Una semana más tarde en Sevilla encontré a mi amigo español y fuimos a su casa a cenar. Al día siguiente fuimos a un partido de fútbol. Hubo un incidente durante el partido. Vimos una pelea entre dos jugadores. En Oviedo visitamos un restaurante magnífico y comí paella. Luego alquilamos un barco y yo cogí dos peces. Era el fin de las vacaciones así que compré regalos para toda la familia. ¡Qué vacaciones.! **10**

Task	Answer	Mark

Writing

1   mesa, silla, computadora, armario, lámpara/ radio, sillón, cortinas, estéreo, chimenea   **10**

2   Hola Pablo
¿Cómo estás? Estoy en Escocia con mi familia y todo va bien. Paso el día en la costa pescando y por la tarde voy a las discotecas. Hace buen tiempo. Vuelvo a casa el dos de setiembre.
Hasta pronto
John   **10**

3   Londres, 3 de mayo
Querida María:
Hola ¿Cómo estás? Me encuentro bien y mi familia también. Ya no vivimos en Birmingham. Tenemos una casa nueva en Londres y es muy bonita. Hay tres dormitorios un garaje y un jardín pequeño. Ayer conocí a los vecinos. Son muy simpáticos y nos invitaron a beber algo. En la casa de al lado hay un chico muy simpático y salí con él anoche al cine. ¡Lo pasé bomba! A dos kilómetros de mi casa hay una piscina magnífica y voy a nadar allí todos los días. Hoy fui a mi instituto nuevo y me gusta muchísimo.
Hasta pronto
Laura   **20**

4   El accidente ocurrió ayer, dos de agosto a las diez y veinte de la mañana. Ocurrió en el centro de Madrid en la calle Atocha. Yo estaba con mi amigo y hacíamos las compras en esa zona. Un camión andaba por la calle e iba hacia la estación. Otro camión se acercó de la otra dirección y los dos pararon en los semáforos. Luego los dos se pusieron en marcha hubo una colisión y todo el tráfico paró. Un camionero bajó de su camión pero el otro no pudo. Estaba herido. Sin perder un momento llamé a una ambulancia. La ambulancia llegó cinco minutos más tarde y dos policías ayudaron al camionero herido a bajar del camión. Tenía el brazo roto y había sangre en la cara. La ambulancia le llevó al hospital y un policía habló conmigo. Le dije que había visto el accidente.   **30**

Task	Answer	Mark

Reading

Section 1

	1 a 2 a 3 c 4 a 5 c	5
	6 verdad	1
	7 mentira	1
	8 verdad	1
	9 verdad	1
	10 b 11 f 12 b 13 e 14 a 15 d	6
	16 su futuro	1
	17 ambiciosos	1
	18 gente sin dinero	1
	19 curando a gente enferma	1
	20 para siempre	1

Section 2

	1 buen 2 semana 3 alojamiento 4 españoles 5 pariente 6 marido 7 única 8 embarazada 9 película 10 mariscos	10
	11 a 12 b 13 e 14 b 15 d	5
	Ejercicio 3: a b e f h	5

Section 3

	1 Plaza mayor	1
	2 2h 30	1
	3 visitar los monumentos	1
	4 almuerzo	1
	5 cena	1
	6 c 7 a 8 b 9 e 10 d	5
	11 Pablo 12 Rocío 13 Maria 14 Reyes 15 Carlos 16 Alejandro 17 Rafael 18 Nacho 19 Elena 20 Isabel.	10

How did you do on the Reading paper?

If you scored:
18 or 20 = A* standard
16 or 17 = Grade A standard
14 or 15 = Grade B standard
12 or 13 = Grade C standard
10 or 11 = Grade D standard

But remember that your final grade is based on all four components.

Letts

Q&A

Listening transcripts

Task 1

– Lo siento, no encuentro tu carta. ¿Me puedes dar tu nombre de nuevo, por favor?

– Sí claro. Aquí está. ¿Puedo confirmar los detalles? ¿Cuántas personas sois? ¿Cuántas noches queréis pasar? Tenéis una tienda, ¿no?

– Vuestro sitio está muy cerca de la piscina grande. Las duchas y los servicios están a unos diez metros. Es un sitio muy bonito, creo que os gustará.

– ¡Ah! Un momento, por favor. ¿Puedes darme tu pasaporte? Lo puedes recoger mañana aquí.

– Mira este plano del camping. Aquí están los teléfonos. Tu sitio está enfrente de los teléfonos. Busca la plaza número cincuenta.

Task 2

He aquí el boletín meteorológico para toda España. En el norte habrá sol todo el día mientras que en el sur habrá vientos fuertes. En el este habrá nieve en las montañas y en el oeste lloverá todo el día. En el centro se prevé niebla.

Task 3

Mi instituto es inmenso. Hay mil quinientos alumnos y ciento veinte profesores. Está en el centro de la ciudad así que puedo ir de compras durante la hora de comer. Mis clases empiezan a las ocho y media de la mañana y tengo cuatro clases por la mañana. Vuelvo a casa andando y veo la tele. A veces hago mis deberes. Vuelvo a mi instituto a las cuatro y tengo otras dos clases. Luego voy a la piscina con mis amigos y vuelvo a casa a cenar a las nueve. Me gustan todas mis asignaturas pero el inglés es mi asignatura favorita. La profesora de inglés nació en Inglaterra pero ahora vive en España.

Es muy simpática. Sin embargo el profesor de química se enfada siempre. El año pasado pasé algún tiempo en un instituto en Inglaterra. ¡Qué raro! Los alumnos llevan uniforme y está prohibido fumar en el instituto. Prefiero los institutos españoles.

Task 4

Buenos días. Me llamo José y vivo en el noroeste de España, en Oviedo. Tengo dieciséis años. Tengo un hermano, Juan. Juan tiene veinticinco años y está casado. Trabaja en Escocia. No vivimos en una ciudad. Vivimos en una granja en el campo. Pero mi padre no trabaja en la granja. Es médico. Mi madre organiza la granja. Te doy mi número de teléfono por si quieres llamarme. Es el 5 17 44 39. Nunca he visitado Inglaterra. Me gustaría mucho ir allí. El tiempo en tu país es muy fresco. Aquí hace demasiado calor. Hoy hemos tenido 40 grados. Tengo muchos pasatiempos pero lo que me gusta más es la equitación. Tengo mi propio caballo.

Task 5

– Háblame de tu trabajo, Esperanza. ¿Qué haces?

– Pues mis padres creyeron que un trabajo de profesora sería una buena idea. Un vecino dijo que debería ser abogada. Pero me decidí y ahora soy periodista.

– ¿Es interesante?

– Creía que el trabajo sería interesante pero no lo es. Paso horas delante del ordenador escribiendo artículos.

– ¿Llevas mucho tiempo en este trabajo?

– Ocho semanas.

– ¿Qué haces con el dinero que ganas?

– Pues la semana pasada compré una blusa de seda y esta semana voy a comprar una falda.

– Y ¿tus compañeros de trabajo?

– La persona que trabaja a mi lado es encantadora. Ya me ha invitado a su casa a cenar. Pero los otros me hablan muy poco.

Task 6

– Buenas tardes. He perdido algo de valor.

– Hay que rellenar una ficha. ¿Su nombre?

– Alfonso. A-L-F-O-N-S-O.

– ¿Y su apellido?

– Gabarda. G-A-B-A-R-D-A.

– ¿Su dirección?

– Calle Sol 22.

– ¿Tiene teléfono?

– Es el 4 18 35 46.

– Muy bien. ¿Qué ha perdido?

– He perdido una chaqueta.

– ¿Cómo es?

– Es de cuero y es negra.

– ¿Había cosas en los bolsillos?

– Sí. Dinero. Veinte mil pesetas.

– ¿Dónde ocurrió la pérdida?

– En la plaza mayor

– ¿A qué hora?

– A las diez y cuarto de la mañana.

Task 7

¿Tienes cita con el médico? Pues al entrar en su consultorio te va a hacer algunas preguntas. Va a preguntar de qué país eres, va a pedir detalles de tu alojamiento aquí en España, va a preguntarte la fecha de nacimiento y luego querrá saber lo que te pasa.

Task 8

– Rosita ¿qué vamos a hacer esta tarde?

– Pues no sé. Me gustaría ir al concierto en el centro pero está muy lejos.

– A mí me gustaría ir al cine pero es muy caro.

– ¿Por qué no vamos a ver a Pepe. Es muy simpático.

– Buena idea. Pero nos quedaremos media hora nada más. Luego podemos ver la tele.

– ¿Ver la tele? ¿Los viernes? Los viernes no hay buenos programas.

– ¡Podemos ir a la discoteca! Me encanta bailar.

– A mí también. Vamos a las diez.

Task 9

Buenos días. He aquí las noticias de Radio Barcelona. Ayer hubo un accidente grave en el centro de la ciudad. Un autobús chocó con un ciclista en un semáforo. El ciclista había pasado un semáforo en rojo. Una ambulancia llegó unos minutos más tarde. Afortunadamente un médico presenció el accidente y cuidó del herido mientras la ambulancia llegaba. El médico dijo que el herido tenía el brazo roto. Fue trasladado al hospital y hoy el hospital declaró que está en estado estable. El chófer del autobús dijo que el ciclista podría haber resultado muerto.

Task 10

- Hola. Me llamo Pepe. Tengo el pelo negro y corto. Soy muy delgado y siempre llevo gafas.

- Buenos días. Me llamo Fernando. Tengo el pelo largo y rubio. Llevo un anillo de oro en la mano derecha.

- Hola. Me llamo Augustín. Soy muy bajo y siempre llevo gafas de sol.

- Buenos días. Me llamo Alonso. Soy bastante bajo y tengo el pelo negro. Llevo un pendiente en la oreja izquierda.

- Hola. Me llamo José. Me gusta llevar camiseta y vaqueros y siempre llevo un collar de oro.

Task 11

One

¿Para ir a la carnicería? Vas a la iglesia, luego tuerces a la izquierda, luego tomas la primera calle a la izquierda.

Two

¿Para ir al hotel Londres? Vas a la iglesia, tomas la primera calle a la derecha, luego la primera a la izquierda y el hotel está al final de esa calle.

Three

¿Para ir a la estación? Vas a la iglesia luego vas a la derecha, tomas la segunda a la izquierda y la estación está a mano izquierda.

Four

¿Para ir a Correos? Vas a la iglesia, vas a la izquierda, tomas la primera calle a la derecha y Correos está a la derecha, antes de la panadería.

Five

¿Para ir a la farmacia? Vas a la iglesia. Vas a la derecha, tomas la primera calle a la izquierda y está enfrente del hotel Central.

Task 12

- Vamos a pasar una semana todos juntos ¿sabes? Hay organizadas muchas actividades.

- Por ejemplo.

- A mí me encanta el tenis y hay un concurso de tenis el martes por la tarde. Y para los que hacen atletismo hay un concurso el viernes por la mañana.

- ¿Qué más hay?

- Para los que tocan instrumentos hay un concierto el miércoles por la tarde. Y el viernes por la tarde hay una discoteca.

- Muy interesante.

- El lunes han organizado una visita en autocar a Madrid. Y el jueves pasamos el día entero en Avila. El autocar nos lleva al hotel a las ocho de la tarde.

- ¿No te dan tiempo libre?

- Sí. Para el martes por la mañana no hay nada organizado. Tampoco para el miércoles por la mañana.

Task 13

– Y tú, Juan. ¿Cómo pasarías el tiempo?

– ¿Para pasar el tiempo? No hay problema. Tomaría el sol todo el día... Pero no me gusta la idea de tener frío por las noches así que llevaría conmigo un saco de dormir... No me gusta la idea de dejar mi cama. No quiero dormir en el suelo.

– Y tú, Nacho... ¿Unos días en una isla desierta?

– Y yo para pasar el tiempo, nadaría mucho en el mar. Y llevaría conmigo un abrelatas para... pues... para abrir las latas... claro. No me gustaría dejar mis estudios. Me gusta mucho estudiar.

– ¿Y tú, Dolores?

– Yo leería todo el día... Me encanta la lectura... Y llevaría conmigo muchas cerillas para poder hacer fuego... No me gusta la idea de dejar mi ordenador. Me encanta jugar con mi ordenador.

– Conchita, ¿cómo pasarías tú el tiempo?

– Yo jugaría a las cartas incluso si tengo que jugar sola. Y llevaría un barco para poder pescar. Y no me gusta la idea de dejar mi moto... no quiero ir a pie todo el día.

– Y tú, Pablo, ¿cómo pasarías el tiempo?

– Yo cocinaría mucho... me encanta... Y llevaría una caña de pescar. No me gustaría dejar mi guitarra en casa.

Task 14

Señoras, señores, buenas tardes. Ahora la actualidad en Radio España. Los titulares.

El Presidente de los Estados Unidos llegó hoy a Londres para celebrar conversaciones con el primer ministro sobre la crisis en el Medio Oriente.

Un ladrón en Madrid mata a un transeúnte con una navaja para robarle cinco mil pesetas. La policía busca testigos.

Gran alegría en un pueblo de Andalucía. Doscientas personas han ganado la lotería nacional y van a compartir tres mil millones de pesetas.

Inundaciones peligrosas en Granada después de las lluvias recientes que causaron dos muertos y una docena de heridos.

Un tren con destino a Oviedo ha chocado con un coche en un paso a nivel. Dos muertos y dos heridos.

Task 15

– Me llamo David. Voy a trabajar en Francia. Quiero pasar dos años allí. Me encanta Francia por la variedad de su cocina. Voy a trabajar como ingeniero.

– Me llamo María. Voy a trabajar seis meses en Inglaterra Me gusta el clima del país y voy a trabajar cuidando niños.

– Me llamo Rafael. Iré a los Estados Unidos. Me entiendo bien con los americanos. Es una nación simpática. Quiero trabajar como cocinero en un hotel de lujo.

Task 16

Una bomba estalló ayer en un supermercado en el centro de Buenos Aires, capital de Argentina. El desastre ocurrió mientras que los argentinos hacían sus compras de Navidad. Dos personas murieron y tres más resultaron heridas. Los servicios de urgencia no pudieron entrar en el supermercado immediatamente por miedo a una segunda explosión. Un portavoz dijo que la bomba no tiene nada que ver con las elecciones recientes: se trataba de un atraco mal planeado.

Task 17

Student 1

Pues yo tengo malas notas. Y ¿sabes por qué? Pues por culpa de mi padre. Yo quise estudiar idiomas y mi padre me dijo que no. Me dijo que con idiomas no voy a conseguir trabajo. Por eso, escogí química y física y no entiendo... nada... nada... nada... He escogido mal.

Student 2

Esto... tengo que decirte que me encantan todas mis asignaturas salvo una... la geografía. Y por una razón. La profesora me odia. Y yo la odio a ella también. Siempre me critica... siempre me hace preguntas dificilísimas... el antiguo profesor de geografía era tan simpático...

Student 3

Mis padres fueron muy pobres, sabes, a decir la verdad son campesinos... ellos no fueron a la escuela... bueno... fueron muy raramente... pero mis padres me dieron a mí la oportunidad de mejorar mi vida futura... estudio... no sólo porque me gusta sino porque se lo debo a mis padres.

Student 4

Oye... no sé por qué quieres hablar conmigo... habla con los otros porque yo me iré pronto... mi padre me ha encontrado trabajo en una fábrica cerca de aquí... Podría estudiar más pero no me apetece mucho. A ver como voy con el trabajo.

Student 5

Mira... cuando tenía doce años vi una película sobre la vida de un abogado... y desde aquel momento, supe lo que quería hacer... ser abogado... no un abogado corriente sino el mejor abogado del mundo... por eso estudio tanto... mis amigos salen a beber cerveza... salen a las discotecas... pues yo no... yo tengo una ambición... y la voy a conseguir... seguro.